Handbuch für Jazz Dance

Mit freundlicher Unterstützung der Firma H. F. Fischer GmbH

Versand für Sportmode
Lerchenstraße 44
72458 Albstadt-Ebingen

Telefon (07431) 7 07 70
Telefax (07431) 7 07 77

Christiana Rosenberg

Handbuch für Jazz Dance

Meyer & Meyer Verlag

Die Deutsche Bibliothek – CIP-Einheitsaufnahme

Handbuch für Jazz Dance / Christiana Rosenberg.
– 2., unveränd. Aufl. –
Aachen : Meyer und Meyer, 1998
ISBN 3-89124-268-9
NE: Rosenberg, Christiana

Olten (CH), Wien (A), Oxford (GB), Québec (CDN),
Lansing/ Michigan (USA), Findon/ Adelaide (AUS),
Auckland (NZ), Sandton/ Johannisburg (ZA)
2., unveränderte Auflage 1998
Fotos: Bernd Siebler, Konstanz
Umschlaggestaltung: Walter J. Neumann, N&N Design-Studio, Aachen
Umschlagbelichtung: frw, Reiner Wahlen, Aachen
Satz: Times
Druck: Burg Verlag & Druck, Gastinger GmbH & Co. KG, Stolberg
ISBN 3-89124-268-9
Printed in Germany

Inhaltsverzeichnis

Einleitung

Liebe LeserInnen!

Dieses Buch stellt eine Einführung in den Jazztanz dar. Sie erhalten einen Überblick über die Entstehung des Jazztanzes, lernen die für den Jazztanz typischen Bewegungen kennen, können sich mit spezifischen Fragen zum Lernen und Lehren von Jazztanz auseinandersetzen und anhand der Beschreibungen in diesem Buch verschiedene Choreographien und Bewegungsabläufe erarbeiten. Musik- und Literaturhinweise helfen Ihnen, sich in spezielle Bereiche einzuarbeiten.

Das „Handbuch für Jazz Dance“ ist somit sowohl für TanzanfängerInnen geeignet, die sich grundlegend informieren möchten, als auch für Fortgeschrittene, die sich mit speziellen Fragen zum Jazztanz auseinandersetzen wollen oder für das eigene Tanzen beziehungsweise den eigenen Unterricht nach neuen Anregungen und Bewegungsabläufen suchen. Zahlreiche Fotos werden Ihnen helfen, die Beschreibungen in die Praxis umzusetzen.

Der heutige Jazztanz existiert in vielen Variationen; es ist daher unmöglich, über „den“ Jazztanz zu schreiben. Es gibt zwar einige grundlegende Merkmale, die Sie auch in diesem Buch finden werden, aber die spezielle Ausprägung des Tanzes hängt stark von der jeweiligen Lehrkraft, den TänzerInnen und der Situation ab, in der getanzt wird. Generell läßt sich allerdings in allen Bereichen des Tanzes eine Öffnung auch zu anderen Stilen erkennen, so daß es zu einer, wie ich meine, interessanten Mischung verschiedener Tanzformen kommt. So ist z.B. der Jazztanz heutzutage stark vom Modern Dance, vom „Showtanz“ und auch von experimentellen Formen des Tanzes beeinflußt. Da somit Jazztanz in unterschiedlichen Ausprägungen existiert, muß im Grunde jede Tänzerin und jeder Tänzer selbst entscheiden, welche Richtung zu ihr oder zu ihm paßt.

Auch in diesem Buch lernen Sie nur eine bestimmte Richtung des Jazztanzes kennen, nämlich die der Autorin. Ich möchte Sie deshalb „ermutigen“, mit den hier beschriebenen Bewegungsanregungen kritisch und kreativ umzugehen; so müssen beispielsweise die angegebenen Bewegungsfolgen nicht genau nachgetanzt werden. Versuchen Sie vielmehr, wo immer es geht, eigene Ideen umzusetzen. Hinter solchen Vorschlägen steht ein Vermittlungskonzept von Jazztanz, das nicht normativ sein will, sondern Spielräume für ein persönliches Gestalten von Bewegung lassen möchte. Dieses Konzept wird im zweiten Kapitel des Buches genauer erklärt. Da ich aber aus eigener Erfahrung weiß, daß man, zum Beispiel bei der Vorbereitung von Unterricht, mitunter nur bestimmte Passagen eines Buches durcharbeitet, werden einige grundlegende Gedanken dieses Konzeptes in allen Kapiteln wiederholt.

Abschließend möchte ich noch auf zwei Punkte hinweisen:

- Achten Sie beim Nachvollziehen der Bewegungsfolgen und Übungen auf die Signale Ihres Körpers. Wenn Ihnen die eine oder andere Bewegung Schmerzen bereitet, sollten Sie diese weglassen und durch eine andere ersetzen, um Verletzungen zu vermeiden. Manche Übung mag für Sie erst sinnvoll sein, wenn Sie einen bestimmten Trainingszustand erreicht haben.

- Ich habe in diesem Buch, wie im Tanz- und Sportbereich seit einigen Jahren üblich, die weibliche Anrede mit großem „I“ gewählt. Hierbei sollen sich auch Tänzer angesprochen fühlen. Ich finde es nämlich schade, wenn sich Männer nicht in Tanzkurse „wagen“, obwohl sie Interesse amTanzen haben...

Ich hoffe deshalb, daß dieses Buch allen LeserInnen, männlichen und weiblichen, die ersten Schritte im Jazztanz erleichtern kann.

1 Was ist Jazztanz?

Es ist gar nicht einfach, den Begriff „Jazztanz“ genau zu definieren. Denn obwohl diese Tanzform recht bekannt und weit verbreitet zu sein scheint, werden unter dieser Bezeichnung unterschiedliche Stile zusammengefaßt. Dennoch gibt es einige typische und wichtige Merkmale, die den Jazztanz charakterisieren. Sie werden deutlich, wenn man sich mit den Ursprüngen und der Entstehungsgeschichte von Jazzmusik und -tanz auseinandersetzt. Deshalb möchte ich im nächsten Abschnitt die Geschichte des Jazztanzes in groben Zügen darstellen.

Die Wurzeln des Jazztanzes

Der Jazztanz entstand parallel zur Jazzmusik Anfang des 20. Jahrhunderts in den USA und wurde zunächst ausschließlich von Schwarzen getanzt. Seine Wurzeln liegen jedoch in Afrika. Denn seine grundlegenden Bewegungselemente und sein Charakter stammen aus der afrikanischen Folklore. Schwarze Sklaven brachten ihre afrikanische Kultur, zu der ja auch Musik und Tanz gehören, nach Amerika, und eben diese Kultur wurde zur Grundlage für die Entstehung des Jazztanzes.

Tanz war in Afrika fester Bestandteil des alltäglichen Lebens, es wurde zu vielen Anlässen und bei jeder Gelegenheit getanzt. Die Geburt eines Kindes, die Jagd, Aussaat und Ernte oder auch Kampf und Krieg wurden tänzerisch begleitet; durch Tanzen konnte Freude und Trauer gleichermaßen zum Ausdruck kommen. Dabei lernten Kinder und Jugendliche durch Zuschauen und Imitation der Erwachsenen, so daß der Tanz auch für sie etwas Selbstverständliches wurde. Kleinkinder „tanzten" auf dem Rücken oder im Arm ihrer Mütter mit, und noch Ungeborene wurden im Bauch ihrer Mutter hin- und hergewiegt.

Es scheint daher verständlich, daß die Sklaven das Tanzen nicht aufgaben, denn es gab ihnen Kraft, ihren harten Alltag zu ertragen. Aus diesem Grunde wurde es sogar von den „weißen Herren" geduldet. Tanzende Sklaven waren frohe und gesunde Sklaven und konnten dementsprechend ihre Arbeitskraft einsetzen. Sogar auf den Sklavenschiffen durfte getanzt werden, damit die Schwarzen in gutem körperlichen Zustand in Amerika ankamen.

So schrieb der Sklavenhändler Thomas Phillips 1693:
„Auf See ließen wir die Sklaven herauf an Sonne und Licht. Dort ließen wir sie springen und tanzen. Unsere Leute spielten dazu Dudelsack, Harfe und Fiedel. Der Zweck war natürlich, die Schwarzen in guter Gesundheit zu erhalten. Aber trotz unserer Bemühungen hatte ich leider das Pech, daß Krankheit und Tod hohe Opfer erforderten." (in: Günther, H.: Die Tänze und Riten der Afro-Amerikaner. Bonn 1982, 56.)

Auf den Baumwollplantagen wurde es Brauch, auf großen Festen schwarze Einzeltänzer oder Tanzgruppen zu präsentieren, so daß der Besitz eines Sklaven, der ein begabter Tänzer war, sogar zu besonderem Prestige führte. Gute Tänzer, aber auch gute Musiker, die zu bestimmten Anlässen ausgeliehen wurden, waren somit eine Art von Kapitalanlage.

Der afrikanische Tanz der Sklaven unterschied sich deutlich von den Tänzen der weißen Siedler, deren Wurzeln bekanntlich in Europa lagen. Während der europäische Tanz mit aufrechter, nach oben gerichteter Haltung und einer gewissen Grundspannung des Körpers ausgeführt wird, zeichnet sich der afrikanische Tanz durch eine Tiefbetonung der Bewegungen aus. Zudem wird nicht der Körper als „Ganzes“ eingesetzt, sondern verschiedene Körperteile, wie Kopf, Arme und Beine, bewegen sich gegeneinander. Man spricht in diesem Zusammenhang auch von **„Isolationstechnik“.**

Ziel dieser Technik war das Erreichen von Ekstase, in der die TänzerInnen sich als göttlich oder von einem Gott ergriffen fühlten. Denn in Afrika war Tanzen nicht nur ein Alltagsgeschehen, sondern untrennbar verbunden mit der religiösen Kultur der Völker. Der afrikanische Kult gipfelte im Tanz, Religion war ohne Tanz nicht denkbar. Dieses Tanzverständnis kann man wiederum als Ausdruck einer bestimmten Körperauffassung begreifen, die sich grundsätzlich von der europäischen unterscheidet. Denn die afrikanische Kultur ist eine ausgesprochene Körperkultur. Das heißt, daß man mit und durch den Körper seine Existenz erlebt. Dahingegen wird in westlichen Kulturen rationales Denken als höherstehend erachtet.

Die Tanzweise der Schwarzen wurde von den Weißen zunächst als barbarisch oder lächerlich bezeichnet. Dies galt nicht nur für die Tänze der afrikanischen Sklaven in Amerika, vielmehr berichteten auch Afrikaforscher im 19. Jahrhundert über wilde Tanzorgien, die sie beobachten konnten. Hierbei ließen sich je nach geographischer Lage Unterschiede in der Tanzweise der verschiedenen Stämme erkennen.

Große Zonen der afrikanischen „Tanzlandschaft“ waren die Sahara, der Sudan, Westafrika, Zentralafrika, Ost- und Südafrika. So zeichnet sich der westafrikanische Stil durch seine temporeichen Fußmotionen aus. Die Geschwindigkeit der Beinarbeit ist so hoch, daß ein Zuschauer kaum einzelne Bewegungen differenzieren kann. Dahingegen fallen beim zentralafrikanischen Stil die ausgeprägten Pelvismotionen, also Beckenbewegungen, auf. In den USA wurden daher alle Pelvis-Tänze als „Congo-Tänze" bezeichnet. Da sich solche Bewegungen am besten am Platz ausführen lassen, ist der Congo-Stil eher eine binnenkörperliche Tanzform.

Die verschiedenen Isolationsbewegungen wurden dabei durch entsprechende Kleidung unterstützt. Fußbewegungen kamen durch das Tragen von Fußrasseln zur Geltung, Pelvismotionen wurden durch bestimmte Rockformen deutlich sichtbar und Haarschmuck konnte die Kopfbewegungen verstärken.

In Amerika kam es zu einer Vermischung und Veränderung dieser ursprünglich afrikanischen Stile. Die Tanzform, die wir heute als „Jazztanz" bezeichnen, entstand dabei erst zu Anfang des 20. Jahrhunderts, parallel zu einer ebenfalls von Schwarzen entwickelten Musik: dem Jazz.

•

Jazzmusik und Jazztanz besitzen gemeinsame Merkmale. Beide leben von einer gewissen Spontaneität und Individualität, die ein exaktes Weitergeben von Noten oder Tanzschritten unmöglich macht. Denn eine genaue Überlieferung verlangt ja gerade den Verzicht auf spontane Einfälle und individuelle Variationen, statt dessen existiert eine für alle gültige Version. Eine Beschreibung von Jazzmusik und Jazztanz wird zudem erschwert durch den spezifischen Umgang mit Zeitangaben und Rhythmen. Man hält sich nicht „stur" an festgelegte Zählmuster, sondern man „swingt". Der Swing ist somit ein charakteristisches Merkmal des Jazz. (Wenn Sie also in diesem Buch Zählzeiten und regelmäßige rhythmische Angaben finden, sollten Sie kreativ, sozusagen „swingend", mit ihnen umgehen.)

Daneben war und ist es in der Jazzmusik üblich, einem einzelnen Interpreten oder einer einzelnen Interpretin Freiräume zu überlassen, so daß es zu einer eigenen „Version" eines Stückes kommen kann. Ursprünglich gab es diesen Freiraum auch im Jazztanz. Auf diese Weise konnte sich die Persönlichkeit der TänzerInnen in besonderem Maße ausdrücken.

Der von den Schwarzen entwickelte Tanzstil wurde allmählich auch von weißen TänzerInnen übernommen, und bestimmte Stilelemente fanden Einzug in die Tanzschulen und den Gesellschaftstanz. „Shimmy" und „Charleston" sind beispielsweise zwei Tänze, die auf Elemente des Jazztanzes zurückgehen. Diese Tänze fanden auch in Europa Verbreitung, wo-

bei der „Shimmy" ein regelrechtes Tanzfieber auslöste. In einem Lied von E. Kalman aus dem Jahr 1921 heißt es dazu:

„Fräulein, bitte woll`n Sie Shimmy tanzen?
Shimmy, Shimmy ist der Clou vom Ganzen!
Früher einmal machten es die Wilden.
Jetzt gehört`s dazu, um sich zu bilden.
Früher war es shocking, jetzt gehört´s zum guten Ton.
Shimmy, Shimmy ist die große Mode, Shimmy ist die Sensation!"

(in: Klein, G.: FrauenKörperTanz. Weinheim 1992, 165f.)

Während Elemente des Jazztanzes in den Gesellschaftstänzen sowohl in den USA als auch in Europa relativ früh Verbreitung fanden, kam der Jazztanz als Kunst- und Bühnenform erst nach dem Zweiten Weltkrieg nach Europa. Bis dahin waren vorwiegend das Klassische Ballett, der Ausdruckstanz und der Modern Dance bekannt.

Der Modern Dance entwickelte sich ebenfalls Anfang des 20. Jahrhunderts in den USA und hat den Jazztanz in seiner Weiterentwicklung stark beeinflußt. Als Begründerin des Modern Dance gilt Martha Graham, deren Compagnie auch heute noch in Europa zu sehen ist. Alwin Ailey, einer der berühmtesten schwarzen Choreographen, hat u.a. bei ihr studiert. Sein Tanztheater galt als „schwarzes Ensemble", das den Jazztanz auch in Europa bekannt machte. Als das Besondere an Aileys Choreographien kann die Integration verschiedener Tanzstile gelten, ohne daß die afrikanischen Wurzeln seines Tanzes verschüttet wurden. Sein Tanztheater kam 1964 zum ersten Mal nach Westeuropa und weckte das Interesse für den Jazztanz.

Eine wichtige Rolle im Rahmen der aufkommenden Begeisterung für die neue Tanzform spielten auch die Musiken und Choreographien im Musical „West Side Story" von Leonard Bernstein und Jerome Robbins.

Jazztanz wurde jedoch nicht nur auf der Bühne und im Film gezeigt, sondern von amerikanischen Lehrkräften nach Europa gebracht, um hier im professionellen und im Laienbereich Beachtung zu finden. In Deutschland setzte er sich besonders durch das Interesse der Sport- und Gymnastikgruppen an der sogenannten „Jazzgymnastik" durch. Sie brachte eine willkommene Abwechslung in das Übungsprogramm und bald wurde jede Art von Gymnastik mit Musik als „Jazzgymnastik" bezeichnet. Diese ungenaue Begriffsverwendung scheint inzwischen überwunden. Denn im Grunde handelt es sich dabei um ein Körpertraining, das mit den Bewegungsmerkmalen des Jazztanzes arbeitet und auf das Tanzen vorbereiten will. Es ist also keine eigenständige Gymnastikrichtung, sondern ein Bestandteil des Jazztanzes.

Heutzutage existieren zahlreiche verschiedene Ausprägungen des Jazztanzes. Zum einen gibt es den **„Afro-Jazz“**, der versucht, möglichst nah an den afrikanischen Wurzeln zu bleiben. Die Tanzschritte entstammen afrikanischen Tänzen und es wird vorwiegend mit Trommel- und Perkussionsbegleitung gearbeitet. Hierbei dient die Musik jedoch zu mehr als zur bloßen Untermalung der Bewegungen der TänzerInnen; im Idealfall kommt es zwischen MusikerInnen und TänzerInnen zu einem Wechselspiel. Sie inspirieren sich gegenseitig zu immer neuen Rhythmen.

Zum anderen kennt man eine Form von Jazztanz, bei der sich Modern Dance und Jazz beeinflußt haben. Die Übungen in diesem Buch entstammen vorwiegend diesem Bereich.

Ebenso haben Show- und Musicaltanz einen Einfluß auf den Jazztanz und es hängt im Grunde von den Erfahrungen und Vorlieben der Lehrkraft oder der Gruppe ab, welche Stilrichtung im Vordergrund steht.

Ausgehend von den afrikanischen Ursprüngen des Jazztanzes lassen sich jedoch, unabhängig von der jeweiligen Stilrichtung, einige übergreifende Merkmale feststellen. Ich möchte auf sie im nächsten Abschnitt näher eingehen.

Wesentliche Merkmale des Jazztanzes

Als das wohl wichtigste Merkmal des Jazztanzes kann das Prinzip der **Isolation** verschiedener Körperteile betrachtet werden, denn hierin unterscheidet er sich deutlich von anderen Tanzformen.

Isolation bedeutet, daß in der Bewegung der Körper nicht als Ganzes eingesetzt wird, sondern daß verschiedene Körperzentren einzeln bewegt werden. So ist eine Drehung nicht nur eine Bewegung um die Körperlängsachse, bei der Rumpf, Arme und Beine eine bestimmte Position einnehmen. Vielmehr können sich beim Jazztanz Kopf, Becken, Schultern usw. während der Drehung auf unterschiedliche Weise bewegen. Oder beim Gehen seitwärts schwingt zum Beispiel das Becken nach links, während die Schultern eine Vor- und Rückbewegung ausführen. Kopf und Arme können zusätzlich ein eigenes Bewegungsmuster aufweisen. Auf diese Weise werden die verschiedenen Körperteile isoliert und gegeneinanderbewegt, was ein hohes Maß an Koordination verlangt. Man spricht bei diesen „Gegenbewegungen" auch von **„Polyzentrik".**

Hauptbewegungszentren sind im Jazztanz der Kopf, Schultern und Arme, der Brustkorb, das Becken, sowie Beine und Füße. Besonders die Einbeziehung von Schultern, Brustkorb und Becken, also von Bewegungszentren des Rumpfes, bereitet TanzanfängerInnen mitunter Schwierigkeiten, da diese Ansätze für uns ungewohnt sind. Bei Isolationsbewegungen des Kopfes kommt es am Anfang häufig zu Schwindelgefühlen, die sich bei entsprechender Übung jedoch schnell verlieren. Die Isolationstechnik führt zu einem fließenden und gleichzeitig betont rhythmischen Bewegungsbild, bei dem es zu vielen kleinen Spannungsbögen im Körper kommt. Hier findet sich eine Parallele zur Jazzmusik, denn auch sie lebt von solchen kurzen, rhythmischen Bögen.

Es gibt verschiedene Formen von polyzentrischen Bewegungen. So können die einzelnen Bewegungen in parallele oder entgegengesetzte Richtungen verlaufen. Letzteres wird auch als **„Opposition"** bezeichnet. Ich möchte hierfür ein kurzes Beispiel geben:

Beim Verschieben des Brustkorbes nach rechts kann man einmal den rechten Arm in die Seithalte heben und ebenfalls aus der Schulter heraus nach rechts führen. Jetzt laufen Brustkorb- und Armbewegung parallel. Genauso wäre es jedoch möglich, den linken Arm zu heben und nach links zu schieben. Auf diese Weise kommt es zu einer gegenläufigen, also einer Oppositionsbewegung.

In Zusammenhang mit dieser Form kommt dem Verwringen des Körpers, also dem Drehen von Oberkörper und Armen gegen Becken und Beine, eine wichtige Bedeutung zu (vgl. Abb. 1). Verwringungen sind zumeist mit sogenannten **„Contractions"** verbunden, womit das Zusammenziehen oder sich Annähern verschiedener Körperteile gemeint ist. Besonders häufig wird eine Contraction in der Körpermitte ausgeführt. Sie kann einseitig oder auch beidseitig erfolgen und wird mit der Ausatmung verbunden (vgl. Abb. 2).

Abb. 1

Abb. 2

Die Grundhaltung im Jazztanz ist tiefbetont. Das heißt, daß die Knie leicht gebeugt werden und das Körpergewicht an den Boden „abgegeben“ wird. Für mich entsteht durch diese Grundhaltung, die auch **„Collapse“** genannt wird, gleichzeitig ein Gefühl der Entspannung und der Bewegungsbereitschaft. Ein einfaches Gehen durch den Raum, wie es in vielen Choreographien vorkommt, wird im Jazztanz normalerweise mit Collapsehaltung ausgeführt. Der Körperschwerpunkt liegt also tiefer, als wir es von anderen Tanzformen gewohnt sind.

Im Jazztanz unterscheidet man weiterhin zwischen **„Motion“** und **„Lokomotion“.** Ersteres ist eine binnenkörperliche Bewegung, während „Lokomotion“ eine Fortbewegung bezeichnet. Hierbei kommt es häufig zu sogenannten „Multiplications“. Das heißt, daß ein Fuß mehrmals unbelastet den Boden berührt, bevor er mit Belastung aufgesetzt wird. Ein typisches Beispiel für eine binnenkörperliche Bewegung, also eine „Motion“, ist der „Shake“, ein Schütteln der Schultern oder der Hüften, das sich im ganzen Körper fortsetzt.

Diese Beschreibung typischer Merkmale des Jazztanzes mag sich beim ersten Lesen kompliziert anhören, doch beim Tanzen bekommen diese Bewegungen etwas Selbstverständliches. Hierbei sollte man sich vielleicht wieder an die afrikanischen Wurzeln dieser Tanzform erinnern. Denn ursprünglich lernten Kinder und Jugendliche durch Imitation der Erwachsenen und erhielten keinen Unterricht, in dem Isolationstechniken geübt wurden. Selbstverständlich spielte hier das Hereinwachsen in den eigenen Kulturkreis eine entscheidende Rolle. Wenn wir Europäer auf diese Weise tanzen wollen, übernehmen wir Bewegungen aus einem anderen Kulturkreis, daher fällt uns das direkte Nachahmen schwerer.

Ich halte in diesem Zusammenhang noch einen anderen Aspekt für wesentlich. Während der Jazztanz zumindest in seinen Ursprüngen von Spontaneität und Individualität lebte, sind wir in unserem Kulturkreis an eine Betonung von strenger Form und genauer Methodik gewöhnt. Man lernt im Unterricht, wie man sich beim Tanzen „richtig“ bewegt. Diese Vorstellung übertragen wir wahrscheinlich auch auf den Jazztanz, so daß diese Tanzform in Europa zur formalisierten Stilrichtung wird, die zwangsläufig eine möglichst detaillierte Beschreibung ihrer Stilelemente verlangt. Ich möchte mich persönlich bei dieser Kritik nicht ausnehmen, und auch ein solches Buch kann in gewissem Sinne zu einer „Verschulung“ des Jazztanzes beitragen. Dabei kann es geschehen, daß genau die Spontaneität verlorengeht, die den Jazztanz ausmacht. Auf der anderen Seite halte ich es für wenig sinnvoll, sozusagen „gegen“ die Merkmale unserer Tanzkultur zu arbeiten. Wir sind es eben nicht (mehr?) gewohnt, „einfach loszutanzen“.

Deshalb möchte ich in diesem Buch auf beide Weisen zu tanzen aufmerksam machen. Die hier beschriebenen Übungen können Ihnen auf der einen Seite helfen, Jazztanz zu lernen, und sollen Sie auf der anderen Seite inspirieren, zu tanzen und Ihre eigene Bewegungsart zu betonen. Denn Jazztanz lebt nicht von der äußeren Form der Bewegung, sondern von der Tanzfreude der TänzerInnen. Es geht nicht um Ihren Körper, den Sie in die richtigen Positionen bringen sollen, sondern um Sie als **tanzende Person**. Somit ist die Beachtung der hier beschriebenen Merkmale zwar wichtig, wenn Sie sich im Stil des Jazztanzes bewegen wollen; dennoch sollten Sie nicht starr an den angegebenen Übungen und Abläufen hängen. Probieren und üben Sie die Bewegungen, versuchen Sie aber so früh wie möglich, wieder zum Tanzen zu kommen, auch wenn Sie die Abläufe noch nicht perfekt beherrschen. Ich werde deshalb im 3. Kapitel immer wieder Aufgaben einflechten, in denen der technische Aspekt der Bewegungen in den Hintergrund tritt. Denn auch im Unterricht mit AnfängerInnen arbeite ich mit einer Mischung von Üben und Tanzen, von Reproduktion und Improvisation, damit sich entweder die Fähigkeit zur spontanen Bewegung gleichermaßen entwickelt beziehungsweise durch einseitiges Üben vorgegebener Bewegungen nicht verlorengeht.

Auf die Bedeutung von Komposition, Reproduktion und Improvisation im Jazztanz werde ich im nächsten Kapitel näher eingehen. Hierin geht es nicht mehr um die Frage „Was ist Jazztanz?“, sondern darum, wie man ihn lehren und lernen kann. Außerdem möchte ich dabei gleichzeitig ein bestimmtes Unterrichtskonzept darstellen.

(Wenn Ihnen diese Frage zu theoretisch erscheint und Sie in erster Linie an Übungen interessiert sind, können Sie zunächst Kapitel 3 und 4 durcharbeiten. Vielleicht wecken diese Kapitel Ihr Interesse auch an Fragen zum Tanzunterricht?)

2 Wie kann man Jazztanz lernen oder unterrichten?

Es mag sein, daß diese Frage auf den ersten Blick überflüssig erscheint. Denn es ist doch ganz einfach: Eine Lehrkraft für Jazztanz, die die entsprechenden Bewegungen beherrscht, gibt diese durch Vormachen und Erklären an die KursteilnehmerInnen weiter. Man übt zunächst die einzelnen Schritte, und wenn alle diese Schritte beherrschen, wird daraus ein Jazztanz.

Ist es jedoch wirklich sinnvoll, Tanzen wie eine Art „Kochrezept“ weiterzugeben? Bedeutet Tanzen nicht mehr als ein Übernehmen vorgegebener Bewegungsmuster? Ist es wirklich Ziel eines Tanzkurses, daß sich am Ende alle TeilnehmerInnen so bewegen, wie es der Dozent oder die Dozentin vorgibt?

Ich möchte mich in den folgenden Abschnitten mit diesen Fragen auseinandersetzen und ein bestimmtes Konzept von Tanzunterricht vorstellen, bei dem es weniger um die Verbesserung motorischer Fertigkeiten, sondern eher um die Entwicklung von persönlichem Bewegungsstil und Freude am Tanzen geht.

Wie man es nicht machen muß...

Vielleicht haben Sie schon einmal einen Tanzkurs besucht oder in einen Workshop hineingeschaut? Häufig findet sich folgendes Bild: Eine zumeist große Gruppe von TänzerInnen bewegt sich in Blockaufstellung durch den Raum und ahmt die Schritte der Lehrkraft nach. Diejenigen, die vorne stehen, haben das Glück, die Lehrkraft genau beobachten zu können. Die anderen orientieren sich notgedrungen an den Davorstehenden und kopieren auf diese Weise auch deren Fehler. Mitunter werden die Plätze zwar getauscht, doch ergibt sich hierbei ein neues Problem. Es gibt nämlich TeilnehmerInnen, die gar nicht in der ersten Reihe stehen möchten, weil sie sich dort unsicher und beobachtet fühlen. Woher aber kommt dieses Gefühl? Ich halte es für einen Hinweis darauf, daß es bei dieser

Form von Unterricht in erster Linie um korrektes Bewegen, also um die motorische Leistungsfähigkeit geht. Hierbei stellt die Lehrkraft mit ihrem perfekten Bewegungskönnen sozusagen die Norm dar, die es zu erreichen gilt. Wer sich von dieser Norm noch weit entfernt fühlt, versteckt sich lieber in den hinteren Reihen.

Es ist jedoch fraglich, ob die Beherrschung bestimmter Bewegungen das alleinige Ziel von Tanzunterricht darstellen soll. In meinen Augen werden die TeilnehmerInnen auf diese Weise zu bloßen „Körpermaschinen“, die im Unterricht entsprechend programmiert werden. Natürlich wird jede Lehrkraft beteuern, daß es im Jazztanz besonders um den Spaß am Tanzen geht, dennoch scheint mir häufig der motorische Aspekt im Vordergrund zu stehen. Spaß haben auf diese Weise diejenigen, denen die Übernahme der vorgegebenen Bewegungsmuster gelingt. Für die anderen aber kann Tanzunterricht Streß und Frustration bedeuten. Vermutlich gibt es eine Vielzahl von TanzinteressentInnen, die sich aus Angst vor einem möglichen Versagen nicht in einen Jazztanzkurs wagen.

Nun möchte ich mich keineswegs gegen die Vermittlung bestimmter Bewegungstechniken aussprechen, denn sie bestimmen das Erscheinungsbild eines jeden Tanzstils. Es ist für mich jedoch eine Frage des Stellenwertes, den man dieser Vermittlung einräumt. Dieser Stellenwert ist eng mit dem Tanz- und Unterrichtskonzept, das die jeweilige Lehrkraft vertritt, verbunden. Ich möchte deshalb im nächsten Abschnitt ein Konzept skizzieren, das nicht von Tanz als Bewegungstechnik, sondern von tanzenden Menschen ausgeht.

Tanzen als Ausdruck der eigenen Person

Was unterscheidet eigentlich eine tänzerische von einer Alltags- oder Arbeitsbewegung? Oder anders ausgedrückt: Welche Kriterien lassen eine Bewegung zum Tanz werden? Weit verbreitet erscheint hier die Vorstellung, Tanzen sei Bewegung mit rhythmisch-musikalischer Begleitung. Dieser Meinung möchte ich jedoch widersprechen, da es ebenso Tänze ohne jede Begleitung gibt. Hierbei handelt es sich zwar weniger um Choreographien aus dem Jazztanz, sondern eher um Gestaltungen aus dem Bereich des Modern Dance oder des Ausdruckstanzes. Doch solche Beispiele zeigen, daß das Kriterium „Musik" zur Definition von Tanz oder Jazztanz nicht ausreicht.

Besser geeignet scheint hierfür das Kriterium der **Zielgerichtetheit**. Während bei Arbeitsbewegungen oder auch im Sport das Erreichen eines bestimmten Zieles im Vordergrund steht, geht es beim Tanzen um die Bewegung an sich. Bei einem Laufwettbewerb geht es beispielsweise um das Erreichen der Ziellinie in möglichst kurzer Zeit, und die Art und Weise der Fortbewegung wird von diesem Ziel bestimmt. Beim Tanzen hingegen kann die Bewegungsform „Laufen" zum Thema einer Gestaltung werden und hinsichtlich ihrer räumlichen oder formalen Ausprägung vielfach variiert werden. Laufen in verschiedenen Raumformen, mit unterschiedlichem Armeinsatz oder mit Variationen in Tempo und Rhythmus wären denkbare Themen. Arbeits- und Sportbewegungen kann man somit als „Mittel zum Zweck" bezeichnen, während tänzerische Bewegungen den Zweck in sich selbst tragen.

Im Jazztanz geht es also um das Gestalten von Bewegungen innerhalb eines bestimmten stilistischen Rahmens.

Für eine solche Gestaltung gibt es verschiedene Möglichkeiten, denn man kann eine Bewegung unter unterschiedlichen Gesichtspunkten betrachten. Jede Bewegung zeigt nämlich eine räumliche Struktur, findet in einem bestimmten Zeitablauf statt, benötigt eine spezielle Dynamik (Kraft) und weist eine eigene Form auf. Die Aspekte **Raum**, **Zeit**, **Dynamik** und **Form** stellen somit Gestaltungskriterien im Jazztanz dar.

Ich möchte hierfür ein Beispiel geben:

Ein Galoppsprung ist eine Bewegung nach oben/vorne (Raum), besitzt einen eigenen Rhythmus (Zeit), benötigt je nach Sprunghöhe einen bestimmten Kraftaufwand (Dynamik) und zeichnet sich durch ein wechselseitiges Anheben der Knie während der Flugphase aus (Form). Es wäre nun möglich, diesen Sprung als Seitwärtsbewegung auszuführen, um auf diese Weise die räumliche Struktur zu verändern. Ebenso können die Arme auf unterschiedliche Weise bewegt werden, so daß es zu einer Variation der Bewegungsform kommt. Ich kann diesen Sprung klein und flach oder auch mit deutlichem Abdruck vom Boden ausführen. Hierbei handelt es sich zum einen um eine Variation bezüglich des Krafteinsatzes (Dynamik) und zum anderen um eine Veränderung des Zeitmaßes, denn ein hoher Sprung benötigt mehr Zeit als ein flacher.

Nun lassen sich diese Kriterien einerseits als objektive Maßstäbe, andererseits jedoch auch als subjektive Erfahrungsbereiche betrachten. Der Faktor „Zeit“ läßt sich beispielsweise objektiv mit einer Uhr exakt feststellen. Auf der anderen Seite wissen wir jedoch, daß ein und dasselbe Zeitmaß subjektiv unterschiedlich empfunden werden kann. Eine Minute kann, je nach Situation, sehr lang oder sehr kurz erscheinen. Gleiches gilt für den Raum. In einer beklemmenden Situation fällt einem im gleichen Raum, in dem man sich gerade noch wohlgefühlt hat, buchstäblich „die Decke auf den Kopf“, obwohl sich der Raum, objektiv gesehen, nicht verändert hat.

Für den Tanzbereich ergeben sich daraus folgende Konsequenzen: Tanzen „lebt“ von der Gestaltung der Bewegungen; diese Gestaltung kann jedoch einen subjektiv-individuellen Charakter besitzen. Denn jeder Tänzer und jede Tänzerin erlebt die Bewegung auf persönliche Weise. Dieser Bezug zur jeweilig tanzenden Person führt zu einem, in meinen Augen wichtigen Punkt: Tanzen stellt nicht nur eine von außen objektiv zu beurteilende Bewegung dar, sondern hat direkt etwas mit der tanzenden Person zu tun. Deshalb kann Tanzen und somit auch Jazztanz als Ausdruck der eigenen Person verstanden werden. Jeder Tänzer und jede Tänzerin geht in der Bewegung eine persönliche Beziehung zum Raum, zur Zeit, zur jeweiligen Bewegungsform und zum jeweiligen Krafteinsatz ein. Hierbei geht es weniger um einen von außen wahrzunehmenden Ausdruck, sondern vielmehr um die persönliche Identifikation mit der Bewegung. (Ausdrucksfähigkeit im Sinne einer Darstellung für andere wäre ein nächster Schritt, der im Tanzunterricht jedoch nicht unbedingt thematisiert werden muß.)

Man kann übrigens nicht nur bei einer tänzerischen, sondern im Grunde bei jeder Bewegung den Bezug zur sich bewegenden Person in den Vordergrund stellen. Im Tanzen scheint dieser Bezug jedoch auffälliger zu sein, da eben die Zweckgebundenheit der Bewegung fortfällt. Bei einem Läufer betrachtet man wohl eher die objektive Geschwindigkeit, mit der er eine Strecke zurücklegt. Doch auch der Läufer erlebt seine Bewegung als zu ihm gehörig und nicht nur als Ortsveränderung seines Körpers in einer bestimmten Zeit.

Stellt man beim Tanzen den individuellen Bezug zur Bewegung in den Vordergrund, kommt man zu einem Tanzverständnis, das weniger eine objektiv-bestimmbare Technik, sondern eher das subjektive Erleben von Bewegung betont. **Im Tanzunterricht geht es somit nicht um das Erlernen von Körper- und Bewegungstechniken; es geht vielmehr um tanzende Menschen, die sich in und durch Bewegung ausdrücken.**

Mit diesem Konzept muß keinesfalls auf das Erlernen von Bewegungsfolgen oder Choreographien verzichtet werden! Aber dieser Lernprozeß findet unter veränderten Vorzeichen statt. Denn auch wenn von der Lehrkraft vorgegebene Sequenzen erarbeitet werden, kann der Bezug zur jeweiligen Person erhalten bleiben. Es geht dann nicht darum, am Ende so zu tanzen, wie es die Dozentin oder der Dozent vorgibt, sondern dieses Vormachen als Unterstützung bei der Entwicklung einer persönlichen Bewegungsinterpretation zu verstehen. Salopp formuliert könnte man sagen: Wenn zwei Leute das gleiche tun, ist es noch lange nicht dasselbe....

Für diejenigen, die Jazztanz lernen möchten, kann ein solches Konzept folgendes bedeuten: Es geht im Tanzunterricht nicht darum, die Lehrkraft zu kopieren. Deren Vorgaben sind als Hilfe zu verstehen, einen persönlichen Bewegungsausdruck zu finden. Beim Nachahmen von Bewegungen sollte somit die vorgegebene äußere Form mit eigenen Eindrücken „gefüllt" werden. Hierzu bedarf es sicherlich etwas Mut und Selbstvertrauen; aber im Grunde gilt es nur, das zu verstärken, was ohnehin stattfindet. Denn wenn wir uns bewegen, tun wir das als ganze Person, nicht nur als Körper. Ein persönlicher Bezug zur Bewegung ist also stets vorhanden und muß beim Tanzen nur in den Vordergrund gestellt werden.

Vorgegebene Bewegungsmuster werden bei diesem Konzept nicht überflüssig, erfahren jedoch in ihrer Bedeutung eine Relativierung. Dies gilt auch für den Umgang mit diesem Buch! Die im 3. und 4. Kapitel vorgestellten Bewegungen stellen keine unveränderliche Norm, sondern eine Orientierung und Anregung dar, die zum Entdecken eigener Bewegungsmöglichkeiten einlädt.

Ein solches Vorgehen verlangt jedoch von den TänzerInnen die Übernahme von Verantwortung für die Qualität der eigenen Bewegungen. Es geht

nämlich nicht darum, schwierige Bewegungen einfach auszulassen, sondern sich mit ihnen auseinanderzusetzen. Nicht die Lehrkraft (oder ein Buch) ist verantwortlich für den Lernfortschritt; die TänzerInnen selbst sind es.

Wenn im Tanzunterricht die sich bewegenden Menschen zum Ausgangspunkt werden, bedeutet dies auch für die Lehrkraft eine veränderte Sichtweise. Jazztanz stellt in diesem Moment nicht nur einen bestimmten Tanzstil dar, zu dem spezielle bewegungstechnische Merkmale gehören, sondern Jazztanz wird zu einer Möglichkeit, sich persönlich auszudrücken. Es ist nun Aufgabe der Lehrkraft, die TänzerInnen zu diesem Ausdruck zu ermutigen. Eine entspannte Unterrichtsatmosphäre, Lob als positive Verstärkung der TeilnehmerInnen sowie der Verzicht auf eine ständige Darstellung der eigenen Bewegungsperfektion können zum Erreichen dieses Zieles beitragen. Es gibt sicherlich keine Rezepte oder keine Garantie für den Erfolg der Bemühungen. Wesentlich erscheint mir jedoch, welches Tanz- und Unterrichtsverständnis die jeweilige Lehrkraft besitzt. Dementsprechend wird sie nämlich ihre Bewegungsanweisungen und -korrekturen formulieren.

Im Sinne eines Tanzkonzeptes, das, wie hier vorgeschlagen, den tanzenden Menschen zum Ausgangspunkt nimmt, sollten beispielsweise Bewegungskorrekturen nicht einfach in Form von „falsch“ oder „richtig“ gegeben werden. Vielmehr müßten sie „aus der Sicht“ der TänzerInnen erfolgen; denn es gibt sicherlich einen Grund, warum die Bewegung anders ausgeführt wird, als von der Lehrkraft beabsichtigt wurde. Das heißt, daß sich ein Dozent oder eine Dozentin für Jazztanz in die jeweiligen TeilnehmerInnen einfühlen muß, was nicht immer einfach sein mag. Aus dem Urteil „falsch/richtig“ wird auf diese Weise ein „anders/genauso“ und eine andere Bewegungsausführung bedeutet keinesfalls, daß diese Bewegung grundsätzlich falsch sein muß. Auch sie kann in bestimmten Situationen ihre Berechtigung haben.

Solche Hinweise mögen im ersten Moment trivial erscheinen. Aber aus eigener Unterrichtserfahrung kann ich sagen, daß diese Art der Korrektur wesentlich zu einer entspannten Unterrichtsatmosphäre beiträgt. Die TeilnehmerInnen verlieren die Angst vor dem Versagen, wenn sie spüren, daß ihre Bewegungsweise akzeptiert und nicht einfach als „falsch“ betrachtet wird. Denn wie soll man den Mut zu einem individuellen Ausdruck entwickeln, wenn man ständig in Sorge ist, etwas falsch zu machen?

Neben dieser speziellen Art und Weise der Ansprache verlangt ein Tanzkonzept, das nicht die Tanztechnik, sondern die TänzerInnen in den Mittelpunkt stellt, nach speziellen Unterrichtsmethoden. Zur Förderung eines persönlichen Bewegungsausdrucks im Jazztanz bietet sich hier, statt eines einfachen „Vormachen-Nachmachens“, die Improvisation als Methode und Gestaltungsform an. Auf diese Methode möchte ich deshalb im nächsten Abschnitt eingehen.

Reproduktion und Improvisation im Jazztanz

Die Begriffe „Reproduktion“ und „Improvisation“ sind nicht nur für den Jazztanz, sondern im Grunde für alle Tanzstile von Bedeutung.

Unter einer **Reproduktion** versteht man das Nachmachen und Wiederholen festgelegter Bewegungsabläufe oder sogar ganzer Choreographien. Das heißt, daß innerhalb solcher Abläufe genau bestimmt wird, wie wel-

che Bewegung wann zu tanzen ist. Auf diese Weise kann man die Bewegungen stets wiederholen, ohne daß sich am Ablauf etwas verändert.

Dahingegen lebt die **Improvisation** gerade von der Spontaneität und Veränderung der Abläufe. Denn hier wird meist nur die grobe Struktur, zum Beispiel in Form eines bestimmten Themas, festgelegt und die genaue Folge der Bewegungen wird jedesmal von den TänzerInnen neu gestaltet. Eine Improvisation läßt sich also nicht genau wiederholen; es kommt zu immer neuen Ergebnissen. Während bei einer Reproduktion die einzelnen Bewegungen isoliert geübt werden können, steht bei einer Improvisation das direkte Umsetzen von spontanen Ideen im Vordergrund. Zwar kann man auch hier zur Vorbereitung ein bestimmtes Bewegungsrepertoire erarbeiten, aber im Moment des Improvisierens liegt es bei den TänzerInnen selbst, was sie aus diesem Repertoire machen.

Zu einer Gestaltung im Sinne einer **Reproduktion** kann man auf zweifache Weise gelangen. Meistens werden die Bewegungsabläufe von der jeweiligen Lehrkraft vorgegeben und der Gruppe durch Vorzeigen vermittelt. Somit steht im Unterricht die Methode des „Vormachen/Nachmachens“ im Vordergrund. Diese Arbeitsweise findet in vielen Kursen Anwendung und scheint die bekannteste zu sein. Es ist aber ebenso möglich, daß die einzelnen TeilnehmerInnen selbst verschiedene Bewegungssequenzen finden und die Choreographie im Kurs oder in der Klasse gemeinsam entwickeln. Diese Arbeitsweise benötigt verständlicherweise mehr Zeit; sie hat aber den Vorteil, daß die einzelnen TänzerInnen direkt am Gestaltungsprozeß teilhaben. Natürlich können beide Arbeitsweisen gleichzeitig Anwendung finden, wenn zum Beispiel ein bestimmter Teil der Choreographie von der Lehrkraft und ein anderer von der Gruppe festgelegt wird. Im Sinne einer Reproduktion kommt es lediglich darauf an, daß diese Festlegung so exakt wie möglich erfolgt, damit die Gestaltung genau wiederholt werden kann.

Bei einer **Improvisation** kann man ebenfalls zwei Anwendungsbereiche unterscheiden. Zum einen kann sie als ein spontanes Umsetzen von Bewegungen verstanden werden, bei dem die TänzerInnen Erfahrungen zu einem bestimmten Tanzthema machen können. So ließe sich beispielsweise in einer Stunde, in der verschiedene Sprung- und Bodenkombinationen im

Vordergrund stehen sollen, das Thema durch ein Improvisieren der TeilnehmerInnen vorbereiten. Sie könnten dabei erfahren, welche Möglichkeiten es für sie gibt, nach einer Sprungbewegung zu landen und eine Bewegung am Boden anzuschließen. Somit dient diese Art der Improvisation zumeist dem Einstieg in ein Bewegungsthema.

Eine Improvisation kann jedoch ebenso als **Ziel** des Gestaltungsprozesses verstanden werden und in dieser Form sogar im professionellen Bereich im Rahmen von Aufführungen Anwendung finden. Besonders das Tanztheater und der New Dance leben von der Improvisation. Hier entstehen Gestaltungen sozusagen in der Situation; sie stellen spontane Ergebnisse dar, die sich nicht genau wiederholen lassen. Eine solche Improvisation lebt vom Moment und verlangt von den TänzerInnen, daß sie sich auf diesen Moment wirklich einlassen. Das heißt, daß eine Improvisation als Zielform nur dann zu einem spannenden Erlebnis und Ergebnis führt, wenn man sich wirklich im Prozeß engagiert und nicht „aussteigt“. Dies ist im Unterricht aus verschiedenen Gründen nicht immer einfach, wohl deshalb greifen viele DozentInnen lieber auf den „sicheren“ Weg der Reproduktion zurück.

Im Sinne des hier vorgeschlagenen Tanzkonzeptes ist dies jedoch weniger sinnvoll, da besonders in der Improvisation ein persönlicher Bezug der TeilnehmerInnen zur Bewegung entstehen kann. Deshalb halte ich die Einbeziehung der Improvisation in den Unterricht für wichtig. Zudem war in den Ursprüngen des Jazztanzes die Improvisation ein entscheidendes Stilmittel, so daß gerade hierauf nicht verzichtet werden sollte.

Ich weiß jedoch aus eigener Unterrichtserfahrung, wie schwer das Improvisieren für manche TeilnehmerInnen sein kann. Zum einen bedarf es eines bestimmten Vertrauens in die eigene Bewegungsfähigkeit, was besonders bei AnfängerInnen zumeist fehlt. Weit verbreitet ist hier anscheinend die Meinung, man müsse erst einmal „richtig“ tanzen lernen, bevor man sich an eine Improvisation heranwagen kann. Ich möchte dieser Meinung widersprechen, denn Improvisieren ist auf jeder Könnensstufe möglich. Allerdings werden AnfängerInnen dabei nicht mit den Stilmitteln des Jazztanzes arbeiten, sondern ihren eigenen Bewegungsstil zeigen. Da Jazztanz jedoch aus der Improvisation heraus entstanden ist und daher die grundlegenden Stilelemente nicht schwierig sind, lassen sich die Grundlagen recht schnell erarbeiten. Auf diese Weise ist es bald möglich, auch in einer Jazzklasse für AnfängerInnen mit Improvisationsphasen zu arbeiten. Das Problem liegt also weniger im bewegungstechnischen Bereich, sondern ist eher eine Frage des Unterrichtkonzeptes, des Verhaltens der Lehrkraft und der Persönlichkeit der TeilnehmerInnen. Deshalb habe ich im vorangegangenen Abschnitt speziell zu dieser Frage Stellung genommen. Für das Improvisieren gilt in besonderem Maße, was ich dort bereits erwähnt habe: Es geht nicht um „falsche" oder „richtige" Bewegungen, sondern darum, daß jede Tänzerin und jeder Tänzer mit den Stilmitteln des Jazztanzes eine persönlich und situativ angemessene Bewegungslösung findet.

Ich habe in diesem Kapitel versucht, mein persönliches Konzept von (Jazz-)Tanzunterricht möglichst kurz und einfach darzustellen. Tanzen lernen und unterrichten ist in meinen Augen nicht in erster Linie ein Problem perfekter Bewegungstechniken, obwohl man in vielen Kursen und auch Büchern diesen Eindruck gewinnen könnte, sondern eine Frage des persönlichen und individuellen Bewegungsbezuges. Im Unterricht geht es darum, einen eigenen Tanzstil zu finden und nicht einfach die Bewegungen der Lehrkraft zu kopieren. Tanzen besteht für die TeilnehmerInnen nicht bloß aus verschiedenen Körperbewegungen, sondern es kann ihnen persönlich etwas bedeuten, sich auf diese Art zu bewegen. Damit möchte ich keinesfalls einem Dilettantismus Vorschub leisten und im Kurs auf das Üben von Tanztechnik verzichten. Aber solche Übungen bekommen einen anderen Stellenwert. Denn Tanztechnik soll auf diese Weise nicht zum Selbstzweck werden, sondern zu einem persönlichen Bewegungsausdruck führen.

In diesem Sinne sollten auch die nächsten beiden Kapitel verstanden werden, in denen ich entsprechende Übungen vorstellen möchte.

3 Typische Bewegungsbeispiele aus dem Jazztanz
– Aufgaben zum Ausprobieren und Übungen zum Nachmachen

Es gibt eine Vielzahl von Übungen und Sequenzen zum Erlernen des Jazztanzes, und jede Lehrkraft kann durch Variation bisheriger Formen neue kreieren. Deshalb wäre es völlig unmöglich, in einem Buch alle vorhandenen Formen beschreiben zu wollen, und ich werde mich auf diejenigen beschränken, die sich in meinem Unterricht bewährt haben. Dabei möchte ich zwei verschiedene Aufgabentypen vorschlagen.

– Beim ersten Typ handelt es sich um Aufgaben, bei denen es um das Entdecken eigener Bewegungsmöglichkeiten geht. Sie werden deshalb ohne Angaben von bestimmten Rhythmen oder Zählzeiten beschrieben.

– Der zweite Typ sind Übungen, die bestimmte Fertigkeiten trainieren sollen und daher in allen Einzelheiten bestimmt werden. Doch auch hier kommt es, wie im 2. Kapitel beschrieben, nicht auf das bloße Nachmachen, sondern auf das Erspüren der Bewegungen an. Deshalb können Sie mit den Übungen durchaus „kreativ" umgehen, indem Sie bestimmte Teile weglassen, verändern oder erweitern. Machen Sie die Bewegungen sozusagen zu Ihren eigenen. Einige der Aufgaben können auch zu zweit oder in der Gruppe durchgeführt werden. Sie sind besonders für die LeserInnen gedacht, die selbst Jazztanz unterrichten.

Im Unterricht werden die meisten Übungen mit Musik oder Perkussionsbegleitung unterlegt. Hierfür gibt es zwei Möglichkeiten:

– Entweder bietet die Musik eine Art „Klangteppich", der auf die Bewegungen keinen direkten Einfluß hat, sondern im Hintergrund eine gewisse Stimmung erzeugen soll;
– oder die musikalische Begleitung bestimmt direkt Tempo und Dynamik des Bewegungsablaufes.

Hierbei spielen die sogenannten „Zählzeiten“ eine entscheidende Rolle, daher möchte ich ihre Bedeutung kurz erläutern.

Die meisten Musikstücke, die wir im Alltag hören oder im Tanzkurs verwenden, haben ein bestimmtes Tempo, das durch den sogenannten „Beat“ beziehungsweise durch das „Metrum“ bestimmt wird. Wenn wir uns unbewußt zu einer Musik bewegen, beispielsweise mit dem Fuß wippen, nehmen wir genau diesen Beat auf. Er kann auch als eine Art „Pulsschlag“ der Musik aufgefaßt werden. Dieser Pulsschlag wird in Takte gegliedert, wobei normalerweise der erste Schlag eine Betonung erhält, die bei einfachen Musikstücken auch für Laien gut zu hören ist. Dieser Beat bestimmt die im Tanztraining benutzten Zählzeiten. Hierbei beginnt man mit dem betonten Schlag mit der „1“ und zählt dann, je nach Taktart, bis 3, 4, 5, 6 oder 8, wobei das Zählen „auf acht“ die am häufigsten verwendete Form darstellt. Somit können Bewegungen beispielsweise über acht oder auch nur über vier Zählzeiten ausgeführt werden. In letzterem Fall verdoppelt sich das Bewegungstempo.

In diesem Buch werden Zählzeiten vor allem bei der Beschreibung der Bewegungssequenzen eine Rolle spielen, denn ohne diese Angabe wäre es kaum möglich, die Abläufe nachzutanzen. Sollten Sie dennoch an manchen Stellen unsicher sein, ob Sie den Text richtig verstanden haben, können Sie jederzeit die vorgegebene Bewegung durch eine eigene Lösung verändern. Die Angabe der Zählzeiten soll übrigens nur die Erarbeitung der Sequenz erleichtern; sie bedeutet keinesfalls, daß Sie beim Tanzen zählen sollen. Es wäre vielmehr wünschenswert, daß Sie den zeitlich-rhythmischen Verlauf der Bewegungen so in sich aufnehmen, daß Zählzeiten überflüssig werden. Weiterhin wird dort, wo es für die Durchführung der Übung notwendig ist, die jeweilige Ausgangsstellung beschrieben. Ist keine Ausgangsstellung angegeben, können Sie selbst entscheiden, in welcher Position Sie die Übung ausführen möchten. Unter „Grundstellung“ als Ausgangsposition verstehe ich in diesem Buch ein entspanntes Stehen mit etwa hüftbreit geöffneten Beinen und leicht gebeugten Knien.

Das vorliegende Kapitel ist in vier Abschnitte gegliedert, in denen jeweils für den Jazztanz typische Bewegungselemente dargestellt werden. Die Trennung dieser Elemente in eigene Bereiche dient lediglich der Klarheit und Übersicht, entspricht aber nicht unbedingt meiner Unterrichtspraxis. Hier versuche ich nämlich, die einzelnen Elemente möglichst schnell miteinander zu verbinden, um zu einem „lebendigen“ Tanzen zu kommen, in dem einzelne Bewegungstechniken nicht isoliert nebeneinanderstehen, sondern zu einer Einheit verschmelzen. Das heißt, daß ich einzelne Techniken auch im Anfängerbereich in Form kurzer Abläufe übe, wie sie vor allem im letzten Abschnitt dieses Kapitels dargestellt werden. „Tanzen tanzend erlernen“ – so lautet die Vorstellung, die hinter diesem Vorgehen steckt. Als **Vorbereitung** für diese Abläufe finden Sie in den folgenden Abschnitten zwischen den einfachen Übungen auch sogenannte **„Kombinationen“,** bei denen verschiedene Bewegungsansätze verbunden werden.

Abschließend möchte ich noch auf drei Bewegungsweisen aufmerksam machen, die sich meiner Meinung nach negativ auf das Tanzerlebnis auswirken:

- AnfängerInnen neigen dazu, beim Tanzen die Schultern hochzuziehen, was zu Verspannungen führt. Versuchen Sie, trotz notwendiger Körperspannung die Schultern locker zu halten.
- Armbewegungen haben häufig keinen Bezug zur Gesamtbewegung, sondern sind nur eine Art „Dekoration“. Vielleicht hilft Ihnen die Vorstellung, daß die Arme nicht an den Schultern ansetzen, sondern aus der Körpermitte kommen.
- Aus Unsicherheit tanzen viele KursteilnehmerInnen nie „100%“. Das heißt, daß sie eigentlich die Bewegungen nur andeuten. Haben Sie den Mut, ganz hinter der Bewegung zu stehen. Sie tanzen in erster Linie für sich, nicht für andere.

Isolation und Polyzentrik

Ich habe die Bedeutung dieser Begriffe bereits im ersten Kapitel genauer erläutert und möchte daher gleich zur Darstellung verschiedener Aufgaben und Übungen kommen. Bei der Erarbeitung von Isolationsbewegungen besteht in meinen Augen die Gefahr, daß die einzelnen Übungen eher gymnastisch-funktional als tänzerisch wirken. Versuchen Sie deshalb, auch bei diesen Aufgaben „innerlich zu tanzen“, selbst wenn dies auf Kosten einer exakten Bewegungsausführung geht. Musik- oder Perkussionsbegleitung können Sie dabei unterstützen. Für die komplexeren Bewegungsfolgen habe ich deshalb eine Musik vorgeschlagen, die sich auch zum Üben der einfachen Techniken verwenden läßt. Ebenso können Sie die Musikstücke austauschen, wenn Sie eine Vorliebe für ganz bestimmte Melodien entdecken.

Im Jazztanz wird, wie im ersten Kapitel beschrieben, der Körper in verschiedene Bewegungszentren gegliedert. Es ist üblich, bei den Bewegungen „von oben nach unten“ vorzugehen, also mit Isolationsübungen für den Kopf zu beginnen. Dies muß aber keineswegs immer so sein. Sie können ohne weiteres mit anderen Bewegungszentren beginnen oder sich zunächst nur auf eines konzentrieren.

Bewegungszentrum Kopf

Hinweis:
Führen Sie Kopfbewegungen grundsätzlich weich und behutsam aus, besonders, wenn Sie Probleme im Bereich der Halswirbelsäule haben.

1. Legen Sie sich in Rückenlage auf den Boden und versuchen Sie zu entspannen, indem Sie sich ein Gefühl der Schwere vorstellen. Welche Körperteile haben besonders intensiven Kontakt zum Boden? Konzentrieren Sie sich dann auf den Kopfbereich und probieren Sie langsam verschiedene Kopfbewegungen aus. Sie können den Kopf beispielsweise drehen, neigen, das Kinn zur Brust führen etc. Versuchen Sie, die einzelnen Bewegungen nicht nur „zu machen“, sondern sie zu erspüren. Welche Position empfinden Sie als Ihre „Normalstellung“?

Variation
Sie können diese Übung später auch im Sitzen oder im Stehen durchführen. Dann fällt allerdings der Boden als Orientierungshilfe weg und die Übung wird schwieriger.

2. Nehmen Sie Ihren Kopf in beide Hände. Die Hände sollen abwechselnd seitlich beziehungsweise an Stirn und Hinterkopf anliegen; Sie können während der Übung die Position der Hände mehrfach verändern. Wechseln Sie nun zwischen zwei verschiedenen Möglichkeiten ab: Einmal soll der Kopf von Ihren Armen vorsichtig und locker in verschiedene Richtungen bewegt werden, einmal sollen Sie mit Hilfe Ihrer Hals- und Nackenmuskulatur den Kopf gegen die Hände drücken.

   Variation
   Diese Übung kann auch zu zweit durchgeführt werden – hierbei muß der Partner oder die Partnerin jedoch sehr behutsam vorgehen.

3. Überlegen Sie sich verschiedene Ausruf- oder Frageformen wie „Nanu!", „Nein!", „Ach ja?" etc. und finden Sie Kopfhaltungen oder -bewegungen, die Ihrer Ansicht nach dazu passen.

   Variation
   Diese Aufgabe kann ebenso zu zweit oder in der Gruppe durchgeführt werden. Hierbei kann ein(e) Teilnehmer(in) die Begriffe rufen, während die anderen reagieren.

4. Verändern Sie Ihre Kopfhaltung, indem Sie zuerst nur die Augen zu einem neuen Punkt schauen lassen und dann den Kopf hinterherdrehen.

5. Öffnen Sie die Beine im Stand etwa hüftbreit und beugen Sie leicht die Knie (= Grundstellung). Lassen Sie die Schultern nach unten fallen und versuchen Sie, geradeaus auf einen von Ihnen gewählten Punkt zu schauen. Drehen Sie den Kopf langsam von einer Seite zur anderen, ohne das Kinn zu heben oder zu senken. Versuchen Sie, auch an den Seiten einen bestimmten Punkt zu fixieren. Im Gegensatz hierzu sollen Sie anschließend den Kopf vorne lassen und zur rechten und

linken Seite neigen. Vielleicht hilft Ihnen dieVorstellung, daß Sie das Ohr auf die Schulter legen wollen oder daß Sie Wasser im Ohr haben, das nun heraustropfen kann. Achten Sie darauf, daß Sie das Gesicht nicht zur Seite drehen und auch den Blick nach vorne gerichtet halten.

Variation
Diese Übung kann man auch zur Musik durchführen:
1-4: Kopfdrehung nach rechts und zurück zur Mitte.
5-8: Kopfdrehung nach links und zurück zur Mitte.
1-4: Kopfneigung nach rechts, Kopf wieder in die Mitte führen.
5-8: Kopfneigung nach links, Kopf wieder in die Mitte führen.

Musikvorschlag: „Chemical Love" (Soundtrack „Jungle Fever").

6. Schieben Sie in der Grundstellung das Kinn vor und zurück. Versuchen Sie, dabei auf einer Linie zu bleiben. Das heißt, daß der Kopf weder in den Nacken noch auf die Brust gelegt werden soll. Sie können diese Bewegung auch mit der vorangegangenen verbinden.

Kombination (Polyzentrik)
Verbinden Sie verschiedene Kopfbewegungen mit Schritten vorwärts und rückwärts. Sie können beispielsweise vier Schritte vorwärts gehen und dabei bei jedem Schritt den Kopf zur Seite neigen. Beim Rückwärtsgehen können die Bewegungen wiederholt oder statt der Neigung eine Drehung nach rechts und links ausgeführt werden.

Musikvorschlag: „Get the Funk" (Candy Dulfer).

7. Führen Sie weich und vorsichtig eine Kreisbewegung mit dem Kopf aus. Sie beginnen mit einer Neigung nach rechts, rollen dann das Kinn zur Brust, führen den Kopf auf die linke Seite und beenden die Bewegung in der Mittelposition. Der Kopf wird also nicht über hinten geführt, denn eine solche Bewegung könnte die Halswirbelsäule verletzen. Wiederholen Sie den Ablauf, indem Sie auf der anderen Seite beginnen.

Variation
Diese Bewegung kann man nicht nur mit dem Kopf, sondern ebenso mit dem ganzen Rumpf ausführen. Sie neigen sich dabei zur Seite, rollen den Rumpf in die Mitte, so daß die Hände den Boden berühren, und richten sich über die andere Seite wieder auf. Die Knie sind während der ganzen Übung leicht gebeugt.
Es ergibt sich nun folgende Möglichkeit: Sie beginnen die Kreisbewegung klein, indem Sie nur den Kopf bewegen, und steigern die Amplitude durch Hinzunahme von Schultergürtel und Brustkorb, bis Sie zuletzt den gesamten Oberkörper kreisen lassen. Genauso können Sie die Bewegung wieder kleiner werden lassen.

Kombination (Polyzentrik)
Tanzen Sie zu einer Musik und stellen Sie sich vor, auf Ihrem Kopf sei ein Pinsel befestigt, mit dem Sie den gesamten Raum, also Decke, Wände und Boden bemalen wollen. Versuchen Sie dabei, verschiedene Muster in unterschiedlichen Geschwindigkeiten zu malen.

*Musikvorschlag: „O*Something Got Me Started" (Simply Red).

Bewegungszentrum Schultern und Arme

Hinweis:
Aufgrund von Alltagsbelastungen und Fehlhaltungen leiden viele Menschen unter einer verspannten Nacken- und Schultermuskulatur. Deshalb sollten Sie bei den hier angegebenen Übungen darauf achten, daß Sie die Schultern so locker wie möglich halten. Vielleicht helfen Ihnen diese Übungen sogar, Verspannungen abzubauen.

1. Nehmen Sie eine bequeme Sitzhaltung ein und konzentrieren Sie sich auf Ihre Schultern. Versuchen Sie, diesen Bereich zu entspannen und die Schultern nach unten fallen zu lassen. Drehen Sie dann den Kopf nach rechts, senken Sie das Kinn und ziehen Sie vorsichtig die linke Schulter nach unten. Sie werden wahrscheinlich eine Dehnung im Nackenbereich spüren. Lösen Sie die Position sehr langsam auf und wiederholen Sie die Bewegung zur anderen Seite. Es ist durchaus möglich, daß sich beide Seiten unterschiedlich anfühlen.

2. Probieren Sie sowohl in Rückenlage als auch im Sitzen und Stehen verschiedene Möglichkeiten aus, die Schultern zu bewegen. Wechseln Sie dabei zwischen langsamen und schnellen Bewegungen ab.

3. Stellen Sie sich vor, auf Ihren Schulterblättern säße eine Fliege, die Sie nun nur durch Bewegungen der Schultern verscheuchen wollen.

4. Ziehen Sie beide Schultern nach oben, lassen Sie sie wieder fallen und drücken Sie die Schultern noch weiter nach unten. Versuchen Sie die Bewegung im Rhythmus „schnell – schnell – lang“ durchzuführen. Das heißt, daß die beiden ersten Bewegungen auf die Zählzeiten „1“ und „2“ und das Herunterziehen der Schultern auf zwei Zählzeiten, nämlich auf „3“ und „4“, ausgeführt werden.

5. Legen Sie die rechte Hand vor die linke Schulter. Drücken Sie nun mit der Schulter Ihre Hand weg, ohne den Oberkörper zu bewegen. Üben Sie die Bewegung auch zur anderen Seite.

6. Kreisen Sie Ihre Schultern vorwärts und rückwärts und betonen Sie dabei die Abwärtsbewegung.

7. Zwei PartnerInnen können einen Dialog nur mit Schulterbewegungen führen.

   Kombination (Polyzentrik)
   Machen Sie abwechselnd einen Schritt nach rechts und links, so daß Sie sich sanft am Ort hin- und herwiegen. Rollen Sie dabei Ihre Füße vom Ballen zur Ferse weich ab. Vielleicht hilft Ihnen die Vorstellung, daß die Füße in weichen Sand gedrückt werden? Versuchen Sie, diese Wiegebewegung mit verschiedenen Schulterbewegungen zu verbinden. Sie können beispielsweise bei jedem Schritt eine Schulter nach hinten kreisen. Erweitern Sie die Bewegung, indem Sie zur Schulter den Arm auf eine für Sie sinnvolle Weise mitbewegen (vgl. Abb. 3).

Abb. 3

8. Wiegen Sie sich wie oben beschrieben hin und her. Führen Sie beide Arme nach oben, so daß diese ein „V" bilden. Strecken Sie jetzt abwechselnd den rechten und linken Arm noch weiter nach oben, als wollten Sie von einem imaginären Baum Früchte pflücken. Als Kon-

trast hierzu beugen Sie sich nach vorne, senken die Arme und drücken abwechselnd mit der rechten und linken Hand in Richtung Boden. Wiederholen Sie jede Bewegung viermal (vgl. Abb. 4).

Musikvorschlag: „Under African Skies" (Paul Simon).

Abb. 4

9. Heben Sie Ihre Arme in die 2. Position (Seithalte) und klappen Sie die Unterarme in Richtung Brustbein. Drehen Sie nun die Ellenbogen nach unten, so daß die Hände nach oben zeigen. Strecken Sie die Arme zur 5. Position (V-Stellung) und öffnen Sie wieder in die 2. Position. Auf diese Weise haben Sie vier Armbewegungen durchgeführt und können wieder von vorne beginnen. Versuchen Sie, diese Bewegungen mit Schritten vorwärts, rückwärts oder auch seitwärts zu verbinden (vgl. Abb. 5).

10. Führen Sie die gebeugten Arme vor dem Körper bis zur Streckung nach oben, senken Sie dann gleichzeitig den rechten Arm über vorne und den linken über hinten wieder nach unten. Wiederholen Sie die

Bewegung und wechseln Sie bei der Abwärtsbewegung die Arme, so daß nun der linke Arm über vorne und der rechte über hinten geführt wird. Drehen Sie bei der Abwärtsbewegung den Körper zur Seite. Sie können diese Bewegung auch mit dem oben beschriebenen Wiegeschritt verbinden, wenn Sie ihn sehr langsam ausführen.

Abb. 5

11. Heben Sie Ihre Arme in die 2. Position und spreizen Sie die Finger zur sogenannten „Jazzhand“. Die Handflächen zeigen dabei nach vorne. Versuchen Sie jetzt, Spannung in Händen und Armen aufzubauen, indem Sie sich vorstellen, gegen eine imaginäre Wand zu drücken. Bewegen Sie aus dieser Spannung heraus die Schultern nacheinander vor und zurück, dabei soll sich die Position der Hände nicht verändern.

Kombination (Polyzentrik)

1-4: Vier Schritte vorwärts (re, li, re, li); dabei abwechselnd die rechte und linke Schulter vor- und zurückführen (li, re, li, re). Die Arme befinden sich in Seithalte, die Hände sind zur Jazzhand geöffnet.

5-8: Vier Wiegeschritte seitwärts (re, li, re, li), dabei die Arme locker hin- und herschwingen und mit den Fingern schnipsen (re, li, re, li).

Musikvorschlag: „Down on the Street“ (Shakatak).

Kombination (Polyzentrik)
Tanzen Sie zu einer Musik und stellen Sie sich vor, Ihre Handflächen seien Pinsel, mit denen Sie den Raum bemalen wollen.

Musikvorschlag: „Lazy Day“ (US 3).

Bewegungszentrum Brustkorb

Hinweis:
Da mit dem Brustkorb nur sehr kleine Bewegungen möglich sind, ist diese Isolationstechnik nicht ganz einfach. Daher bedarf es vielleicht ein wenig Geduld, bis Sie ein Gefühl für diesen Bewegungsansatz entwickelt haben.

1. Ein Partner oder eine Partnerin legt Ihre Hände rechts und links auf Ihren Brustkorb. Versuchen Sie nun, durch seitliches Verschieben des Brustkorbes gegen die Hände zu drücken.

2. Legen Sie Ihre Hände auf das Brustbein und versuchen Sie, abwechselnd gegen die Hände zu drücken beziehungsweise nach hinten auszuweichen. Dabei soll sich die Brustwirbelsäule vor- und zurückbewegen. Welche Richtung fällt Ihnen leichter?

3. Sie stehen in der Grundstellung und legen Ihre Hände auf die Schultern. Verschieben Sie Ihren Brustkorb seitlich nach rechts und links. Dabei sollen die Schultern auf einer Linie bleiben. Wenn Sie die Bewegung erspürt haben, können Sie die Arme auch zur Seithalte in die 2. Position öffnen. Vielleicht hilft Ihnen hierbei die Vorstellung, daß Sie rechts und links einen weit entfernten Gegenstand erreichen wollen? Auch hier sollten Sie das Absinken einer Schulter vermeiden.

   Variation
   Kombinieren Sie beide Armhaltungen. Wenn Sie den Brustkorb nach rechts verschieben, wird der rechte Arm zur Seite gestreckt, während

die linke Hand auf der linken Schulter ruht. Zur anderen Seite erfolgt die Armhaltung gegengleich. Außerdem können Sie den Kopf in die Bewegung einbeziehen, indem Sie entweder in oder gegen die Bewegungsrichtung schauen. Welche Blickrichtung fällt Ihnen leichter?

4. In der Grundhaltung werden die Arme leicht zur Seite genommen und im Ellbogengelenk gebeugt, so daß die Unterarme und Hände zu Boden zeigen. Hierzu müssen die Schultern nach vorne gedreht werden. Die Handrücken zeigen jetzt nach vorne und die Finger werden zur Jazzhand gespreizt. Schieben Sie Ihren Brustkorb vor und zurück, ohne die Position der Arme zu verändern.

5. Verbinden Sie die Vor-, Rück- und Seitbewegung des Brustkorbes zu einem Kreis (vor-seit-rück-seit). Üben Sie die Bewegung in beide Richtungen. Gibt es eine für Sie passende Armhaltung?

Kombination (Polyzentrik)

1-4: Vier Schritte vorwärts, dabei den Brustkorb abwechselnd vor- und zurückbewegen. Die gespreizten Hände liegen von vorne auf den Hüften, die Ellbogen zeigen nach außen.

5-8: Ein Schritt zur Seite in die Grundstellung, Öffnen der Arme in die 2. Position und verschieben des Brustkorbes nach rechts und links.

Musikvorschlag: „Get the Funk“ (Candy Dulfer).

Kombination (Polyzentrik)

1-4: Schritt rechts zur Seite; Heransetzen des linken Fußes; Wiederholung beider Schritte, dabei wird der letzte Schritt mit links unbelastet herangestellt (= seit-an-seit-Tap). Die gespreizten Hände liegen von vorne auf den Hüften, die Ellbogen zeigen nach außen und der Brustkorb wird bei jedem Schritt abwechselnd vor- und zurückbewegt.

5-8: Wiederholung der Bewegungen nach links.

1-8: Schritt rechts zur Seite in die Grundstellung; Öffnen der Arme in die 2. Position; Verschieben des Brustkorbes nach rechts und links auf je zwei Zählzeiten (re, li, re, li).

Musikvorschlag: „Give Me the Night“ (George Benson).

Bewegungszentrum Becken

Hinweis:
Aufgrund der Form unserer Lendenwirbelsäule fällt es uns zumeist leichter, das Becken nach vorne zu kippen und so die Schwingung der Lendenwirbelsäule zu betonen (= Hohlkreuzposition). Die Gegenbewegung, also ein Flachstellen der Wirbelsäule, benötigt mehr Kraft. Hierbei müssen Bauch- und Gesäßmuskulatur angespannt werden. Da ein übertriebenes Hohlkreuz zu Rückenschmerzen führen kann, versuche ich, im Unterricht eher die Gegenbewegung zu betonen. Dieses Zusammenziehen der Körpermitte nennt man im Jazztanz „Contraction". Alle Beckenbewegungen, also auch das seitliche Verschieben der Hüften, fallen wesentlich leichter, wenn die Knie im Stand leicht gebeugt werden.

1. Legen Sie sich in Rückenlage auf den Boden und lenken Sie die Aufmerksamkeit auf Ihre Lendenwirbelsäule. Hat sie Kontakt zum Boden oder ist Platz zwischen Boden und Wirbelsäule? Wie groß ist gegebenenfalls der Abstand? Wechseln Sie mehrfach zwischen gestreckten und aufgestellten Beinen ab. Sie werden bemerken, daß bei aufgestellten Beinen der Rücken am Boden anliegt. Können Sie in dieser Position die Lendenwirbelsäule noch fester an den Boden drücken? Versuchen Sie auch, bei gestreckten Beinen durch Anspannen der Körpermitte den Abstand von Boden und Lendenwirbelsäule zu verringern oder sogar verschwinden zu lassen.

2. Sie sitzen mit angezogenen Beinen am Boden, die Fußsohlen zeigen zueinander und die Knie fallen locker nach außen. Ein Partner oder eine Partnerin legt eine Hand auf Ihren unteren Rücken und Sie versuchen, durch Zusammenziehen der Körpermitte gegen die Hand zu drücken. Achten Sie darauf, daß die Schultern hierbei ganz ruhig und entspannt bleiben. Können Sie die Bewegung auch ohne Orientierung an einer Hand ausführen?

3. Versuchen Sie, am Boden in der „Bankstellung" („Vierfüßlerstand") das Becken auf- und abzubewegen. Hierbei sollten die Arme und Schultern völlig ruhig bleiben. Probieren Sie die gleiche Bewegung auch im Fersensitz.

4. Versuchen Sie, zu einer entsprechenden Musik Ihre Vorstellungen von einem orientalischen Bauchtanz umzusetzen.

   Musikvorschlag: „Radharc“ (Dead Can Dance)

5. Lassen Sie Ihr Becken in der Grundstellung nach rechts und links kreisen. Können Sie auch eine „8“ beschreiben?

6. Verschieben Sie in der Grundstellung das Becken nach rechts, zurück zur Mitte, nach links und wieder zurück zur Mitte. Versuchen Sie, die einzelnen Bewegungen deutlich voneinander abzusetzen. Die Knie bleiben während der Übung gebeugt.

7. In der Grundstellung wird das Becken von einer Seite zur anderen geschwungen. Wenn Sie sich sicher fühlen, können Sie die Bewegung mit einem Seitwärtsgehen verbinden. Hierbei wird abwechselnd ein Bein zur Seite gesetzt und das andere herangestellt. Der Richtungswechsel erfolgt durch einen „Tap“, also einen unbelasteten Schritt. Auf diese Weise kann man mit demselben Bein in die neue Richtung beginnen.
   Für die seitliche Beckenbewegung gibt es zwei Möglichkeiten: Das Becken kann sich mit (= „Soul Hip“) oder gegen die Schrittrichtung bewegen (= „Latin Hip“). Die Arme schwingen dabei locker vor dem Körper hin und her (vgl. Abb. 6).

8. Verbinden Sie Seitschritte und Vor- beziehungsweise Rückbewegungen des Beckens. Die Hände liegen dabei von vorne an den Hüften und die Ellbogen zeigen nach außen. Sie können die Ellbogen im Rhythmus der Beckenbewegung leicht nach vorne und hinten mitführen.

   Kombination (Polyzentrik)
   1-4: Vier Schritte nach rechts (seit-an-seit-Tap), dabei wird das Becken vor- und zurückbewegt. Die Hände liegen an den Hüf ten.
   5-8: Vier Schritte nach links (seit-an-seit-Tap); dabei bewegt sich das Becken hin und her; die Arme schwingen parallel vor dem Körper von einer Seite zur anderen, der Blick folgt der Armbewegung.

Abb. 6

Variation
Sie können die Folge ohne Unterbrechung andersherum tanzen, wenn Sie statt des „Tap"-Schrittes auf „8" einen belasteten Schritt ausführen und dann nach links weitertanzen.

Musikvorschlag: „On Broadway" (George Benson).

9. Verschieben Sie das Becken seitlich im Rhythmus „kurz-kurz-lang"; das heißt, daß die letzte Bewegung über zwei Zählzeiten (= 3,4) ausgeführt wird. Auf diese Weise liegt ein Akzent einmal auf der rechten und beim nächsten Mal auf der linken Seite.

   Variation
   Diese Folge kann auch in der Fortbewegung ausgeführt werden. Während der beiden schnellen Beckenbewegungen wird der Fußballen vor dem Körper aufgesetzt; auf „3" senkt sich die Ferse zu Boden, und das Gewicht wird auf dieses Bein übertragen.

10. Kreisen Sie das Becken nach rechts oder links auf jeweils 4 Zählzeiten. Führen Sie dabei auf „1“ und „4“ verschiedene Armbewegungen aus. Sobald Sie sich sicher fühlen, können Sie auch andere Rhythmen entwickeln, indem Sie die Arme auf andere Zählzeiten bewegen.

Bewegungszentrum Beine

Hinweis:
Es gibt im Jazztanz eine Vielzahl verschiedener Beinbewegungen. Ich möchte daraus zwei besonders erwähnen, weil sie auch im Anfängerbereich häufig zur Anwendung kommen: „Kicks“ und „Stomps“ beziehungsweise „Taps“.

Ein „Kick“ bedeutet das Vorschwingen des Unterschenkels, wobei sich die Beine in unterschiedlichen Positionen und auf verschiedenen Höhen befinden können. Ein Kick kann nach vorne und zur Seite ausgeführt werden, dicht am Boden oder auch so hoch wie möglich.

Ein „Stomp“ oder „Tap“ ist ein unbelasteter Schritt, wobei der Fuß, wie beim Stomp, flach auf den Boden stampft oder auch nur mit dem Vorderfuß auftippen kann (Tap).

Nach einem Stomp erfolgt normalerweise ein lockeres Hochziehen des Knies und erst dann wird der Fuß mit Belastung, also als „Step“, auf den Boden gesetzt: Auf diese Weise kommt es zur Folge „Stomp-Step“, die es in verschiedenen Variationen gibt. Einige davon möchte ich im folgenden beschreiben:

1. Legen Sie sich auf den Rücken und experimentieren Sie mit unterschiedlichen Beinbewegungen. Dabei können die Knie und Füße sowohl gestreckt als auch gebeugt werden. Versuchen Sie, den Unterschied zwischen Beugung und Streckung genau zu spüren. Vermeiden Sie bei allen Bewegungen eine Hohlkreuzhaltung!

2. Stampfen Sie mit dem rechten Fuß an Ihrer rechten Körperseite auf den Boden (Stomp). Heben Sie das rechte Knie an und lassen Sie dann den Fuß locker auf den Boden fallen (Step). Wiederholen Sie die Bewegung mit dem anderen Bein an der linken Körperseite. Versu-

chen Sie, die Lockerheit Ihrer Beine auch auf Oberkörper und Arme zu übertragen, so daß die Bewegung durch den ganzen Körper läuft.

Variation
Der Stomp kann vor dem Standbein in einer gekreuzten Beinhaltung erfolgen. Zum Step wird dann das Spielbein wieder zur Seite geführt.

Kombination (Polyzentrik)

1-2: Stomp rechts vor dem linken Bein (gekreuzte Beinhaltung), Step rechts an der rechten Körperseite. Beim Stomp wird die linke Hand in Richtung rechtes Bein geführt, der rechte Arm befindet sich an der Seite; der Oberkörper ist nach vorne geneigt.

3-4: Wiederholung mit dem linken Bein; jetzt wird die rechte Hand zum linken Bein geführt (vgl. Abb. 7).

Abb. 7

5-8: Wiederholung von 1-4.
1-2: Stomp-Step mit dem rechten Bein an der rechten Körperseite. Beide Arme werden locker über den Kopf geschwungen.
3-4: Wiederholung mit dem linken Bein auf der anderen Körperseite.
5-8: Wiederholung von 1-4.

Musikvorschlag: „Iko, Iko" (Soundtrack „Rain Man").

3. Schwingen Sie Ihren rechten Unterschenkel locker nach vorne (Kick) und setzen Sie nach dem Kick den Fußballen hinter dem linken Bein auf den Boden. Belasten Sie jetzt zunächst das rechte, dann wieder das linke Bein (= „Kick-Ball-Change"). Diese Bewegung, die auch ein Element des Rock'n'Roll darstellt, wird im Rhythmus „kurz-kurz-lang" ausgeführt.

   Variation
   Vergrößern Sie die Bewegung, indem Sie Ihr Bein so weit wie möglich nach oben schwingen. Die „Ball-Change"-Phase muß dann langsamer ausgeführt werden, damit der Bewegungsrhythmus erhalten bleibt. Halten Sie die Arme in der 2. Position, drehen Sie die Handflächen nach vorne und öffnen Sie die Finger zur Jazzhand. Versuchen Sie, die Arme während der Bewegung so ruhig wie möglich zu halten.

4. „Kicken" Sie abwechselnd das rechte und linke Bein zur Seite. Dabei wird das jeweilige Standbein gebeugt und der Oberkörper leicht nach vorne geneigt. Die Höhe des Kicks kann variieren. Können Sie beim Kick mit den Fingern schnipsen?

5. Verbinden Sie einen Kick rechts oder links mit jeweils drei Zwischenschritten. Das rechte Bein wird zur Seite geschwungen und nach dem Kick hinter dem linken Bein aufgesetzt. Es erfolgt ein Schritt mit dem linken Bein zur Seite, gefolgt von einem Kreuzschritt über vorne mit rechts. Jetzt können Sie das linke Bein zur Seite „kicken" und die Folge zur anderen Seite wiederholen. Gibt es für Sie eine passende Armhaltung oder -bewegung?

6. Öffnen Sie im Stand die Beine zur 2. Position (Grätschstellung) und beugen Sie die Knie (Plié). Führen Sie die Arme ebenfalls in die 2. Position und spreizen Sie die Finger zur Jazzhand. Die Handflächen zeigen dabei nach vorne. Drehen Sie nun das rechte Bein auf dem Fußballen einwärts, so daß das Knie nach innen zeigt. Der Oberkörper sollte jedoch weiterhin vorne bleiben. Drehen Sie das Bein zurück und setzen Sie die Ferse wieder zu Boden. Sie können nun die Bewegung zur anderen Seite wiederholen (vgl. Abb. 8).

Abb. 8

Variation
Sie können beim Eindrehen des Beines den Oberkörper mitdrehen, so daß Sie zur Seite schauen.

Kombination (Polyzentrik)
Drehen Sie aus der 2. Position das rechte Bein einwärts. Der Oberkörper wird mitgedreht, beide Knie sind gebeugt (Plié). Versuchen Sie in dieser Position, das Becken vor- und zurückzubewegen. Probieren Sie auch verschiedene Armhaltungen aus. Drehen Sie sich wieder zurück und wiederholen Sie die Bewegung nach links.

Kombination (Polyzentrik)
Tanzen Sie zu einer Musik und versuchen Sie, immer ein Körperteil in den Vordergrund zu stellen. Lassen Sie beispielsweise die Schultern, das Becken oder den Kopf „tanzen". Mit welchem Körperteil fällt Ihnen die Aufgabe leicht oder auch schwer?

Musikvorschlag: „Think" (Soundtrack „Blues Brothers").

Lokomotion

„Lokomotion" bedeutet Fortbewegung. Während die Bewegungen, die ich in den vorangegangenen Abschnitten beschrieben habe, eher „binnenkörperlich", also am Platz und innerhalb des Körpers stattfinden, soll es in diesem Abschnitt um verschiedene Möglichkeiten der Fortbewegung im Jazztanz gehen. Dabei können und sollen die bisher beschriebenen Isolationstechniken in die Fortbewegung einbezogen werden.

Der Abschnitt gliedert sich in drei Bereiche, die zur Fortbewegung gehören: Es geht zunächst um verschiedene Schrittformen („Jazzwalks") und dann um Übungen zum Thema Drehungen. Zuletzt möchte ich einige, für den Jazztanz typische Sprünge beschreiben.

Jazzwalks

Es gibt eine Vielzahl unterschiedlicher „Jazzwalks", eines jedoch ist ihnen gemeinsam: Die Bewegungen laufen durch den gesamten Körper; das heißt, daß der ganze Körper in die Fortbewegung miteinbezogen ist. Er ist nicht, wie im Klassischen Ballett, ruhig und aufgerichtet. Auf diese Weise bekommen die Bewegungen im Jazztanz für mich einen weichen, schwingenden Charakter. Bei vielen Walks werden zudem die Knie leicht gebeugt, was diesen schwingenden Charakter unterstützt. Es wäre schön, wenn Sie beim Üben der Schritte bereits das Gefühl haben, zu tanzen und nicht nur Bewegungen auszuprobieren. Denn dann wird es Ihnen sicherlich gelingen, diesen Charakter nachzuempfinden. Eine entsprechende Musik kann Sie hierbei unterstützen. Deshalb werde ich einige Musiktitel angeben, die sich meiner Meinung nach speziell für Jazzwalks eignen.

1. Welche Möglichkeiten des Gehens kennen Sie? Probieren Sie verschiedene Formen aus. Sie können beispielsweise auf den Zehenspitzen, auf der ganzen Fußsohle, mit Nachfedern in den Knien, mit tiefem Oberkörper etc. gehen.

2. Gehen Sie abwechselnd mit gestreckten und gebeugten Knien. Versuchen Sie, einmal Arme und Oberkörper gerade und ruhig zu halten und ein anderes Mal locker mitschwingen zu lassen. Was fällt Ihnen leichter? Und was gefällt Ihnen besser?

3. Gehen Sie mit großen Schritten und mit leicht gebeugten Knien (Plié) durch den Raum. Dabei sollte das Becken auf einer Höhe bleiben, also nicht auf- und abfedern. Vielleicht hilft Ihnen die Vorstellung, daß Sie sich wie auf einem Laufband fortbewegen?

4. Stellen Sie sich vor, von einem Punkt im Raum angezogen zu werden und gehen Sie zielstrebig darauf zu.

5. Gehen Sie energievoll durch den Raum und wechseln Sie die Front, indem Sie immer nach acht Schritten eine halbe oder Viertel-Drehung ausführen. Auf diese Weise bewegen Sie sich parallel zu den Wänden des Raumes.

   Musikvorschlag: „Controversy“ (Prince).

   Kombination
   1-4: Vier große Schritte vorwärts im Plié (re, li, re, li).
   5-8: Stomp rechts, Schritt rechts; Stomp links, Schritt links.

   Variation
   1-2: Zwei große Schritte vorwärts (re, li).
   3-4: Stomp rechts, Schritt rechts.
   5-6: Zwei große Schritte rückwärts (li, re).
   7-8: Stomp links, Schritt links.

   Musikvorschlag: „On Broadway“ (George Benson).

6. „Chassé“
   Setzen Sie das rechte Bein zur Seite oder auch nach vorne, schließen Sie die Beine mit einem Schritt links und führen Sie anschließend nochmals einen Schritt mit dem rechten Bein aus. Kennzeichnend für diese Bewegung ist der Rhythmus „kurz-kurz-lang“; das bedeutet, daß der letzte Schritt über zwei Zählzeiten ausgeführt wird. Selbstverständlich können Sie ein Chassé auch mit dem linken Bein beginnen und so in die andere Richtung tanzen. Häufig werden mehrere Chassés hintereinander ausgeführt, so daß man abwechselnd mit dem rechten und linken Bein beginnt. Versuchen Sie, die Schritte flach zu setzen, damit das Becken auf einer Höhe bleibt. Die Knie sind wieder leicht gebeugt.

7. „Cat Step“
   Setzen Sie den rechten Fußballen auf den Boden und halten Sie die Ferse oben. Bei der nächsten Zählzeit senken Sie betont die Ferse und verlagern das Gewicht auf das rechte Bein. Wiederholen Sie die Bewegung mit dem linken Fuß.

8. „Ball Twist“
Kreuzen Sie bei jedem Schritt die Beine voreinander, setzen Sie aber nur den Fußballen auf den Boden. Auf diese Weise „twisten“, also drehen Sie hin und her. Beim Überkreuzen werden die Knie angehoben; der Oberkörper zeigt dabei nach vorne, so daß es zu einer Verwringung kommt.

Kombination
Versuchen Sie, Cat Step und Ball Twist zu verbinden. Es wäre beispielsweise folgende Sequenz möglich:
1-4: 2x Cat Step (re, li).
5-8: 4x Ball Twist (re, li, re, li).
Probieren Sie dabei verschiedene Armbewegungen aus, die für Sie zur Bewegung passen.

Musikvorschlag: „Minnie the Moocher“ (Soundtrack „The Cotton Club“).

Kombination
Verbinden Sie Stomps und Chassé-Schritte. Folgende Sequenz wäre möglich:
1-4: Stomp rechts, Step rechts; Stomp links, Step links.
5-8: Chassé nach rechts (re, li, re); Chassé nach links (li, re, li).

Musikvorschlag: „Africa“ (Toure Kunda).

9. „Square“
Dieser Schritt wird über vier Zählzeiten ausgeführt. Kreuzen Sie hierzu das rechte Bein von vorne über das linke („1“). Setzen Sie dann das linke Bein nach hinten („2“), das rechte zur Seite („3“) und das linke wieder nach vorne („4“). Stellen Sie sich vor, auf dem Boden befände sich ein Rechteck, und sie setzten Ihre Füße auf die Eckpunkte, ohne die Front zu verändern. Vielleicht gibt es ja tatsächlich ein „Square“ auf Ihrem Boden? Wiederholen Sie die Bewegung auch zur anderen Seite. Das bedeutet, daß Sie mit einem Kreuzschritt links beginnen müssen.

Variation
Sie können nach dem Kreuzschritt einen kleinen „Hop“ (Hüpfer) anschließen, um auf diese Weise einen dynamischen Akzent zu setzen. Allerdings wird weiterhin beim Square auf „4“ gezählt, so daß Sie den Hop flach und schnell ausführen müssen.

10. „Triplet“
Kreuzen Sie das rechte Bein von vorne über das linke. Setzen Sie nun das linke Bein belastet in die hintere linke Diagonale und verlagern Sie danach ihr Gewicht erneut auf das rechte Bein. Dieser Schritt wird, wie auch das Chassé, im Rhythmus „kurz-kurz-lang“ ausgeführt. Das heißt, daß die beiden ersten Bodenkontakte auf „1“ und „2“ und der letzte auf „3-4“ erfolgen. Wenn Sie mehrere Triplets hintereinander tanzen, müssen Sie abwechselnd mit dem rechten und linken Bein beginnen. Durch das Überkreuzen zu Beginn des Schrittes ergibt sich für mich dabei die Vorstellung eines Hin- und Herschwingens. Der Charakter dieser Bewegung ist fließend. Versuchen Sie deshalb, mit diesen Schritten möglichst viel Raum nach vorne zu gewinnen (vgl. Abb. 9).

Abb. 9

11. „Pas de Bourrée“
Man kann diesen Schritt über hinten oder über vorne ausführen. Im Jazztanz gebräuchlicher ist allerdings der Ansatz über hinten, den ich hier beschreiben möchte.
Das rechte Bein wird zunächst gekreuzt hinter dem linken aufgesetzt. Es erfolgt ein Schritt mit links seitwärts, gefolgt von einem Kreuzschritt über vorne mit dem rechten Bein. Dieser Schritt wird, wie auch ein Triplet oder ein Chassé, im Rhythmus „kurz-kurz-lang“ ausgeführt. Bei der Wiederholung beginnen Sie mit links in die andere Richtung.

Variation
Häufig werden beim Pas de Bourrée die Beine beim zweiten Bodenkontakt geschlossen. Das heißt, daß nach dem Kreuzschritt über hinten mit rechts das linke Bein nicht zur Seite, sondern direkt neben das rechte Bein gestellt wird. Aus dem anschließenden Kreuzschritt über vorne wird dann ein einfacher Schritt nach vorne. Hierdurch ergibt sich eine leichte Drehung in die Diagonale.

12. „Drag”
Ziehen Sie das rechte Knie betont hoch und drücken Sie gleichzeitig mit beiden Handflächen in Richtung Boden. Setzen Sie den rechten Fuß belastet auf, um die Bewegung mit dem linken Bein zu wiederholen. Sie können allerdings das Hochziehen des Knies auch mehrmals mit demselben Bein ausführen, bevor Sie zur anderen Seite wechseln (vgl. Abb. 10).

Kombination
Verbinden Sie verschiedene Schrittformen miteinander. Folgender Ablauf wäre möglich:
1-4: Drag mit dem rechten Bein (Knie anheben, re Fuß unbelastet aufsetzen, Knie erneut anheben, re Fuß belasten).
5-8: Wiederholung mit links.
1-4: Zwei Cat Step nach vorne (re, li).
5-8: Square nach links (re, li, re, li).

Musikvorschlag: „Iko, Iko“ (Soundtrack „Rain Man“).

Abb. 10

Drehungen

Zum Thema Drehungen gibt es eine Vielzahl von Variationsmöglichkeiten. Man kann beispielsweise zwischen Drehungen auf beiden Beinen („turn“) und auf einem Bein („pivot“) unterscheiden. Außerdem können Bein-, Rumpf- und Armhaltungen auf vielfältige Weise variieren. Ich möchte mich in diesem Buch auf Drehungen beschränken, die auf beiden Beinen ausgeführt werden, da dabei keine so großen Anforderungen an das Gleichgewicht gestellt werden. Nach meiner Erfahrung sind Kinder ganz begeistert, wenn es im Unterricht um das Thema Drehungen geht, während Erwachsene Drehungen weniger gerne ausführen. Ein Problem stellt sicherlich die Orientierung im Raum, die Beibehaltung des „Focus“, dar. Verliert man nämlich diese Orientierung, kommt es leicht zu Schwindelgefühlen. Deshalb ist es wichtig, sich beim Drehen einen Punkt im Raum zu suchen, den man während und besonders nach der Drehung anschaut.

1. Tanzen Sie zu einer Musik und versuchen Sie, verschiedene Arten von Drehungen in Ihr Tanzen einzubeziehen.

   Musikvorschlag: „Sunny“ (Jürgen Waidele).

2. Führen Sie abwechselnd vier Schritte und eine Drehung aus. Die Drehung sollte wie die Schritte vier Zählzeiten in Anspruch nehmen. Drehen Sie sowohl nach rechts als auch nach links.

3. Können Sie sich im Sprung drehen?

4. „Vier-Schritt-Drehung“
   1: Schritt links vorwärts oder seitwärts und Einleitung der Drehung nach links.
   2: Schritt rechts, dabei Weiterdrehen.
   3: Schritt links, dabei Drehung beenden.
   4: Herabsetzen des rechten Beines, je nach Bewegungsablauf mit Belastung oder als „Tap“.

   Führen Sie die Bewegung auch nach rechts aus, indem Sie mit dem rechten Bein beginnen. Haben Sie eine „Schokoladenseite”?

5. „Turn-Step“
   Diese Drehung besteht aus zwei Schritten, einem „Drehschritt“ (Turn) und einem zweiten Schritt nach vorne (Step). Setzen Sie hierzu das rechte Bein nach vorne und führen Sie eine halbe Drehung nach links aus. Hieran schließt sich ein Schritt links vorwärts an. Werden zwei Turn-Steps hintereinander ausgeführt, ergibt sich folgende Situation: Das linke Bein bewegt sich im Grunde am Platz, während man mit dem rechten die Drehungen ausführt. Selbstverständlich können Sie die Bewegung auch gegengleich ausführen, indem Sie mit dem linken Fuß beginnen.

   Kombination
   Verbinden Sie Turn-Steps mit anderen Fortbewegungsarten. Folgende Sequenz wäre möglich:
   1-4: Vier große Schritte vorwärts (re, li, re, li).
   5-6: Turn-Step nach links (re, li).
   7-8: Turn-Step nach links (re, li).

oder:
1-4: Zwei Turn-Steps nach rechts (li, re, li, re).
5-8: Square nach rechts (li, re, li, re).

Musikvorschlag: „Papa Was a Rolling Stone“ (Was (Not) Was).

Sprünge

Sprünge lassen sich durch ihre Art des Absprungs und der Landung voneinander unterscheiden. Es gibt beispielsweise Formen, die mit einem Bein abgesprungen werden. Die Landung erfolgt dann je nach Sprung auf einem oder auf beiden Beinen. Ebenso kann man mit beiden Beinen abspringen und wiederum, je nach Sprungtyp, auf einem oder beiden Füßen landen. Für das Springen sollte die Beinmuskulatur durch Dehnung und Kräftigung gut aufgewärmt werden, da es sonst zu Verletzungen kommen kann. Es ist wichtig, die Landung in den Fuß-, Knie- und Hüftgelenken weich abzufangen.

1. Sie und Ihr Partner beziehungsweise Ihre Partnerin tanzen durch den Raum. Immer, wenn Sie sich begegnen, probieren Sie einen „Phantasiesprung“ aus.

   Musikvorschlag: „It’s Raining Men“ (Weather Girls).

2. Zwei PartnerInnen stehen an Ihrer rechten und linken Seite, fassen Ihre Hände und um Ihren Oberarm. Springen Sie nun von beiden Beinen mehrmals in die Höhe und probieren Sie dabei verschiedene Beinhaltungen aus. Die PartnerInnen sollen Sie dabei unterstützen, damit die Flugphase verlängert und die Landung abgefangen wird.

3. Legen Sie Zeitungen, Seile oder Kissen auf den Boden und springen Sie in verschiedenen Formen über diese „Hindernisse“.

4. „Galopp”
   Der Galopp- oder auch Pferdchensprung ist ein Sprung von einem auf das andere Bein. In der Flugphase werden die Knie nacheinander vor dem Körper hochgezogen. Deshalb nennt man ihn mitunter auch „Kniewechselsprung“. Im Jazztanz wird der Oberkörper leicht nach

vorne gelegt; verschiedene Armhaltungen sind möglich. Können Sie im Sprung mit den Fingern schnipsen?

Variation
Gehen Sie mit großen Schritten durch den Raum und führen Sie auf die Zählzeiten „7“ und „8“ einen Galoppsprung aus. Sie können entweder nach dem Sprung in eine andere Richtung weitergehen oder bereits im Sprung die Richtung wechseln.

Musikvorschlag: „You Can Wash That Man Right out off Your Hair“ (Weather Girls).

5. „Galopp mit Kick“
Dieser Sprung stellt eine Variation des Galoppsprunges dar; im Sprung wird das zweite Knie mit einem Kick nach vorne/oben gestreckt. Fortgeschrittene können diesen Sprung auch mit einer halben Drehung ausführen.

6. „Schrittsprung“ (Grand Jeté)
Wie der Name des Sprunges bereits besagt, befinden sich die Beine während der Flugphase in Schrittstellung. Bei gut trainierten TänzerInnen kann aus der Schrittstellung sogar ein Spagat („Split“) werden. Es handelt sich um einen Sprung von einem Bein auf das andere. Vielleicht können Sie sich vorstellen, einen großen Schritt über ein Hindernis zu machen? Probieren Sie aus, welche Armhaltung Sie beim Springen unterstützt (vgl. Abb. 11).

Variation
Bei diesem Sprung können Bein- und Armhaltungen verändert werden. So kann man beispielsweise das vordere Bein strecken und das hintere beugen.

7. „Hop“ (Hüpfer)
Bei einem Hop finden Absprung und Landung mit demselben Bein statt. Dabei kann die Haltung des Spielbeines variieren. Es kann nach hinten, zur Seite oder nach vorne geführt werden, die Knie können gebeugt oder gestreckt sein. Auch für die Haltung der Arme gibt es

Abb. 11

Abb. 12

keine Vorschriften, deshalb können Sie eigene Formen ausprobieren und kreieren (vgl. Abb. 12).
Kombination
Verbinden Sie einen Hop mit jeweils zwei Schritten. Hierbei ergibt sich folgender Ablauf:
1: Schritt rechts.
2: Schritt links.
3: Absprung zum Hop rechts.
4: Landung auf dem rechten Bein.
1-4: Wiederholung gegengleich.

Musikvorschlag: „Give Me the Night" (George Benson).

8. „Sissonne"
Hierbei handelt es sich um einen Sprung von beiden Beinen auf ein Bein. Er kann nach vorne, zur Seite oder auch nach hinten ausgeführt werden. Von der jeweiligen Sprungrichtung hängt die Position des Spielbeins ab. Beim Sprung zur Seite wird es seitlich, beim Sprung nach vorne wird es hinter und beim Sprung nach hinten vor dem Körper gehalten.

Falls

Anders als zum Beispiel im Klassischen Ballett spielen im Jazztanz Fallbewegungen und Bodenelemente eine wichtige Rolle. Denn während im Ballett die Bewegungen nach oben gerichtet sind, kommt im Jazztanz der „Erdung", also dem Kontakt zum Boden, eine entscheidende Bedeutung zu. Bodenelemente sind sozusagen eine Steigerung dieses Kontaktes, denn jetzt wird der Boden nicht nur berührt, sondern ins Tanzen einbezogen. Hierzu bedarf es jedoch geeigneter Übergänge vom Stand zum Boden, sogenannter „Falls". Einige von ihnen möchte ich hier vorstellen. Falls müssen allerdings nicht unbedingt bis zum Boden führen, sondern können vorher aufgefangen werden. Wesentlich für die Bewegung ist lediglich der Impuls des Sich-Fallenlassens.

Erfahrungsgemäß haben Erwachsene mitunter Probleme bei diesem Thema, u.a. weil sie Angst haben, sich am Boden zu verletzen. Diese

Angst führt jedoch zu einer verspannten Körperhaltung, die wiederum Verletzungen begünstigt. Deshalb arbeite ich im Unterricht zur Einführung mit langsamen und vorsichtigen Rollbewegungen am Boden. Wichtig erscheint mir dabei die Vorstellung, daß man wirklich „zum Boden will", um sich nicht gegen die Bewegung zu sperren. Versuchen Sie, beim Ausprobieren der hier angegebenen Übungen mit dieser Vorstellung zu arbeiten.

1. Legen Sie sich auf den Rücken und ziehen Sie beide Knie zur Brust. Das Becken bleibt dabei am Boden liegen. Rollen Sie nun vorsichtig hin und her. Steigern Sie die Bewegung, bis Sie zur Seitlage kommen.

2. Setzen Sie sich auf Ihre Fersen und Unterschenkel. Schieben Sie nun das Becken auf eine Seite, bis es den Boden berührt. Sie können über das Gesäß mit angehockten Beinen weiterdrehen, um auf der anderen Seite wieder auf die Unterschenkel zu kommen. Probieren Sie die Bewegung auch zur anderen Seite und benutzen Sie Ihre Hände zum Stützen, wo immer es für Sie nötig ist.

3. Ein Partner oder eine Partnerin stellt in einer Position ein „Hindernis" dar, das Möglichkeiten zum Durchkriechen bietet, wie zum Beispiel ein Grätschstand oder eine Brücke. Bewegen Sie sich zu einer Musik und versuchen Sie, dieses „Hindernis" zu passieren, ohne den Bewegungsfluß zu verlieren. Nach einer Weile werden die Rollen getauscht. Die Aufgabe läßt sich auch allein mit einem imaginären Hindernis durchführen.

   Musikvorschlag: „Time after Time" (Cindy Lauper).

4. Bewegen Sie sich zu einer Musik ausschließlich am Boden.

   Musikvorschlag: „Time after Time" (Miles Davis).

5. Tanzen Sie durch den Raum, und versuchen Sie, folgende Bewegung einzubeziehen:
   Machen Sie einen großen Schritt nach vorne und beugen Sie das Knie, bis Sie die Hände auf den Boden setzen können. Kommen Sie auf diese Weise in eine Liegestützposition und legen Sie sich auf den

Abb. 13

Bauch. Über eine seitliche Rollbewegung können Sie über eine Sitzposition wieder zum Stand gelangen (vgl. Abb. 13).

Variation

Versuchen Sie, vor dem Bodenelement eine halbe Drehung auszuführen und die Arme dabei über oben zu schwingen. Auf diese Weise erfolgt die Bewegung entgegengesetzt zu Ihrer bisherigen Tanzrichtung.

Musikvorschlag: „Power Vein" (Curt Cress).

6. Setzen Sie das rechte Bein weit zur Seite und kreuzen Sie das linke ohne Belastung über hinten. Beugen Sie nun das rechte Knie so weit, daß Ihre Arme neben dem Knie auf den Boden gestützt werden können. Sie kommen auf diese Weise in eine seitliche Sitzposition, bei der das rechte Bein gebeugt auf dem Boden aufgestellt und das linke zur Seite gestreckt ist. Probieren Sie die Bewegung auch zur anderen Seite (vgl. Abb. 14).

Variation

Abb. 14

Abb. 15

Sie können den Seitschritt zu Beginn des Ablaufes auch als Sprung ausführen.

7. Setzen Sie das linke Bein zu einem großen Ausfallschritt nach vorne. Beugen Sie das Knie so weit, daß Sie die rechte Hand aufstützen können. Drehen Sie sich nun nach rechts zur rechten Hand und setzen Sie sich dabei auf den Boden. Sie können die Drehung bis in den Fersensitz weiterführen, indem sie über den Schwebesitz zur anderen Seite rollen. Versuchen Sie die Bewegung auch mit einem Ausfallschritt rechts. Sie müssen sich dann zur linken Seite drehen (vgl. Abb. 15).

Variation
Sie können beim Ausfallschritt links auch die linke Hand auf den Boden setzen und dann nach links in den Sitz drehen. Allerdings erscheint es mir hierbei schwieriger, weich, also ohne zu fallen, auf den Boden zu gelangen.

Kombination
Versuchen Sie, nach einem Sprung, beispielsweise einem Hop oder Sissonne über den Ausfallschritt mit anschließender Drehung fließend zu Boden zu kommen und wieder aufzustehen.

8. Beugen Sie sich aus dem Kniestand über eine Seite nach hinten und setzen Sie eine Hand auf den Boden. Drehen Sie weiter zur Hand und bringen Sie dabei eine Hüfte an den Boden. Nehmen Sie beim Weiterdrehen die zweite Hand zum Stützen dazu und legen Sie sich langsam auf den Bauch. Von hier aus gibt es verschiedene Möglichkeiten, wieder in den Stand zu kommen. Sie können sich beispielsweise nach hinten in den Fersensitz schieben, einen Fuß aufsetzen und aufstehen (vgl. Abb. 16).

Variation
Wenn Sie die Bewegung beherrschen, können Sie versuchen, den Ablauf aus dem Stand auszuführen. Hierzu müssen Sie mit guter Körperspannung aus der Grundstellung in die Knie gehen und dabei das Becken weit vorschieben, so daß Sie die Knie sanft auf den Boden in den Kniestand bringen können. Dann können Sie, wie oben beschrieben, fortfahren.

Abb. 16

9. Setzen Sie sich auf die rechte Ferse, das linke Bein bleibt aufgestellt. Schieben Sie nun Ihr Becken so weit zur Seite, bis Sie auf dem Boden sitzen, und gleiten Sie weiter in die Seitlage. Die Arme stützen dabei vor dem Körper, so daß die Bewegung ruhig und kontrolliert ausgeführt werden kann. Versuchen Sie die Bewegung auch zur anderen Seite.

   Variation
   Wenn Sie sich sicher fühlen, können Sie den gleichen Ablauf aus dem Stand versuchen. Hierzu müssen Sie lediglich einen Unterschenkel auf den Boden setzen und wie oben beschrieben fortfahren. Vielleicht können Sie der Bewegung den Charakter eines Fallens geben?

10. Tanzen Sie zu einer Musik und versuchen Sie verschiedene „Falls" einzubeziehen, ohne den Bewegungsfluß zu unterbrechen.

    Musikvorschlag: „ Matt's Mood" (Matt Bianco).

Bewegungssequenzen

Im folgenden möchte ich die in den vorangegangenen Abschnitten beschriebenen Bewegungstechniken zu komplexen Abläufen zusammenstellen. Das heißt, daß Sie viele der Bewegungen bereits kennen und bei Bedarf noch einmal nachlesen können. Allerdings kommen zwangsläufig weitere hinzu, damit diese Abläufe interessant und abwechslungsreich werden. Solche Sequenzen stellen einen hohen Anspruch an die Koordinationsfähigkeit, denn Sie müssen sich rasch von einem Bewegungsgefühl auf das nächste umstellen.

Außerdem ist es anfänglich schwierig, sich die Reihenfolge der Bewegungen zu merken. Aber auch dies ist, wie vieles andere, eine Übungssache.

Beim Zusammenstellen der Abläufe kann man auf unterschiedliche Weise vorgehen. Es ist zum einen möglich, sich rein von einer Musik leiten zu lassen. Zum anderen können solche Sequenzen jedoch auch unter einem thematischen Gesichtspunkt zusammengestellt werden. Ich persönlich verbinde beide Möglichkeiten in meinem Unterricht, wobei die Abläufe in den Anfängerkursen zumeist unter einem bestimmten Thema, das während der Stunde erarbeitet wurde, zusammengestellt werden.

Die beschriebenen Sequenzen sind als Anregung und Orientierung gedacht. Sie müssen sie keinesfalls Schritt für Schritt nachvollziehen. Vielleicht haben Sie ja für sich viel bessere Ideen!

Die einzelnen Folgen bauen nicht aufeinander auf, sondern jede steht für sich. Deshalb können Sie in beliebiger Reihenfolge mit ihnen arbeiten. Alle Kombinationen sind für „reine“ oder für fortgeschrittene AnfängerInnen gedacht. Es ist dennoch möglich, daß Ihnen eine bestimmte Sequenz oder auch nur eine Bewegung schwieriger als eine andere erscheint. Da es sich hier um ein individuelles Empfinden handelt, läßt sich eine solche Situation nicht ausschließen. Ändern Sie in diesem Fall die Bewegung oder probieren Sie den Ablauf auf einer langsameren Musik aus. Die angegebenen Kombinationen haben unterschiedliche Längen. Absolute AnfängerInnen sollten eher mit einem kurzen Ablauf beginnen.

Die Richtungsangaben werden aus der Sicht der TänzerInnen angegeben. Die Armbewegungen sind nur dort beschrieben, wo es für den Charakter der Bewegung unerläßlich erscheint, da die Bewegungsangaben sonst zu komplex würden. Versuchen Sie, für Sie logische oder interessante Armbewegungen zu finden.

Ablauf A

a)

1-4: Stomp-Step rechts; Stomp-Step links. Der Stomp wird neben dem Körper ausgeführt.

5-8: Wiederholung von 1-4; am Ende 1/8-Drehung nach links.

b)

1-4: Chassé seitwärts mit rechts in die rechte vordere Diagonale; 1/4-Drehung rechts; Chassé seitwärts mit links in die linke vordere Diagonale, 1/4-Drehung rechts.

5-8: Chassé seitwärts mit rechts in die hintere rechte Diagonale, 1/4-Drehung rechts; Chassé seitwärts mit links in die hintere linke Diagonale; 3/8 Drehung rechts, so daß die Front wieder nach vorne zeigt.

c)

1-8: Vier langsame Cat Steps nach vorne (re, li, re, li).

d)

1-4: Turn-Step (re, li), 2 Schritte vorwärts nach hinten (re, li).

5-8: Turn-Step (re, li); Schritt rechts seitwärts, dabei die linke Ferse vom Boden heben und das linke Bein auf dem Fußballen eindrehen. Die Arme schwingen leicht gebeugt nach oben, die Fingerspitzen zeigen zueinander. Diese Position wird auf „8" gehalten (vgl. Abb. 17).

Musikvorschlag: „Diamonds on the Soles of Her Shoes" (Paul Simon).

Ablauf B

a)

1-2: Ausfallschritt seitwärts nach rechts – der linke Arm zeigt nach oben, der rechte befindet sich an der Hüfte; verlagern zum Ausfallschritt seitwärts nach links, der rechte Arm zeigt nach oben, der linke befindet sich an der Hüfte.

3-4: Wiederholung von 1-2 (vgl. Abb. 18).

5-6: Schritt rechts seitwärts; die Arme zur 2. Position öffnen; das linke Bein tippt hinter dem rechten auf den Boden; die Arme werden vor dem Körper in Tiefhalte gekreuzt.
7-8: Wiederholung von 5-6 gegengleich.

b)
1-4: Chassé nach rechts (re, li, re), am Ende das linke Bein auf dem Fußballen eindrehen; auf „3-4" mit der linken Handfläche nach rechts „drücken" (vgl. Abb. 19).
5-8: Wiederholung von 1-4 gegengleich; am Ende 1/8 Drehung nach rechts (Front vorne).

c)
1-4: Vier Schritte vorwärts mit Vor-/Rückbewegung der Schultern („Schultershake").
5-8: Vier-Schritt-Drehung nach links (li, re, li, Tap); auf „8" beide Arme in die 5. Position führen.

d)
1-4: Schritt rechts seitwärts in die 2. Position Plié (Grätschstand), dabei die Arme auf vier Zählzeiten über die Seite nach unten führen. Die Finger sind zur Jazzhand gespreizt.
5-8: Verlagerung des Gewichtes auf das rechte Bein, dabei mit dem rechten Unterarm über die Haare streichen („wash your hair"); Wiederholung der Bewegung 3x (li, re, li) (vgl. Abb. 20).

Musikvorschlag: „Cantaloup" (US 3).

Ablauf C

Ausgangsstellung: Gewicht auf dem linken Bein; das rechte Bein befindet sich hinter dem linken; die Ferse ist angehoben. Beide Knie sind gebeugt. Die Arme werden in die 2. Position gehoben, die Finger sind zur Jazzhand gespreizt (vgl. Abb. 21).

a)
1-4: 4x federn in der Ausgangsstellung.
5-8: Vier Schritte vorwärts (re, li, re, li); dabei jeweils eine Schulter vorschieben.

Abb. 17

Abb. 18

Abb. 19

Abb. 20

Abb. 21

b)

1-4: Square nach links (re, li, re, li); die Arme werden locker mitgeschwungen.

5-8: Schließen der Beine, Absprung zum Sissonne seitwärts nach rechts, Kreuzschritt über vorne mit dem linken Bein, Schritt rechts seitwärts zum Ausfallschritt; dabei werden beide Arme über den Kopf geschwungen; die Fingerspitzen zeigen zueinander, die Handflächen sind nach außen gedreht, Oberkörper und Blick weisen nach rechts (vgl. Abb. 22).

c)

1-4: Zusammenführen des rechten Ellbogens und linken Knies, dabei Contraction in der Körpermitte. Der linke Fuß „schleift" bei dieser Bewegung über den Boden; der linke Arm befindet sich an der Seite (vgl. Abb. 23).

5-8: Drei Schritte vorwärts in die linke vordere Diagonale (li, re, li); beim letzten Schritt im Ballenstand „groß werden" und die Arme in die 5. Position heben; auf „8" zusammenziehen in den Hockstand.

Abb. 22

Abb. 23

d)

1-4: Schnelles Aufrichten; 4 Schritte vorwärts auf einer Kreislinie nach links (li, re, li, re); am Ende zeigt die Front wieder nach vorne.

5-8: Kreuzschritt links vorne mit sofortigem Absprung, Landung auf rechts. Während der Flugphase werden die Beine gegrätscht, der Oberkörper zeigt nach vorne; Beugen des rechten Beines nach der Landung. Die Hände werden auf den Boden gestützt und das linke Bein hinter das rechte gelegt (vgl. Abb. 14).

e)

1-4: Drehung am Boden nach hinten, dabei über den Hocksitz in den Fersensitz rollen; die Arme stützen während der Drehung hinter dem Körper. Die Front zeigt am Ende des Bodenelements zur Seite.

5-8: Im Fersensitz die Arme vor dem Körper aufstützen; kleiner Sprung in den Hockstand; aufrichten; Schritt rechts vorwärts, dabei den Oberkörper nach vorne drehen und die Arme in die 2. Position öffnen.

f)

1-4: 3x Ball-Twist nach vorne (li, re, li); auf „4“ Herausstellen des rechten Beines zur Seite; das Gewicht ruht auf dem gebeugten linken Bein.

5-8: Mit dem rechten Bein den linken Fuß „wegschlagen”; dadurch wird das linke Bein zur Seite geführt und das Gewicht ruht auf dem rechten. Der linke Arm zeigt zum rechten Fuß, der Oberkörper wird nach vorne/unten gebeugt (vgl. Abb. 24). Wiederholung der Bewegung gegengleich auf „7-8“.

g)

1-4: Zwei Pas de Bourrée (beginnend mit re, beginnend mit li).

5-8: Zwei Schritte vorwärts (re, li), Turn-Step (re, li).

h)

1-4: Zwei Schritte vorwärts nach hinten (re, li), Turn-Step (re, li).

5-8: Schritt rechts seitwärts zur 2. Position, dabei das Becken im Rhythmus „kurz-kurz-lang“ seitlich verschieben (nach re, nach li, nach re); auf „7-8“ das rechte Bein hinter dem linken mit dem Fußballen aufsetzen und die Arme zur 2. Position öffnen (=Ausgangsstellung).

Musikvorschlag 1 (langsam): „The Year I Came to Be“ (Father, Father).
Musikvorschlag 2 (schnell): „Down on the Street“ (Shakatak).

Abb. 24

Ablauf D

a)

1-4: Schritt links vorwärts, Schritt rechts mit sofortigem Absprung zum Galoppsprung, Landung links; rechtes Bein unbelastet neben das linke Bein setzen (Tap); Schritt rechts seitwärts.

5-8: Das linke Bein unbelastet neben das rechte stellen (Tap); Schritt links seitwärts; Wiederholung mit dem rechten Bein. Die Arme schwingen locker mit; der Blick folgt der Bewegungsrichtung.

b)

1-2: Schritt links diagonal vorwärts; das rechte Bein „zeichnet" mit dem Fuß einen Halbkreis von hinten nach vorne über den Boden (Rond de jambe), dabei Drehung links in die hintere rechte Diagonale.

3-4: Zwei Schritte vorwärts (re, li) in die hintere Diagonale.

5-6: Schließen der Beine, Absprung mit beiden Beinen; während der Flugphase wird 1/2-Drehung nach rechts ausgeführt, so daß sich die Front in der vorderen rechten Diagonalen befindet. Landung auf dem rechten Bein; beim Sprung werden die Arme über oben geführt.

7-8: Schritt links vorwärts in die Diagonale; das rechte Bein unbelastet neben das linke stellen (Tap), dabei die linke Schulter vorschieben; Blick nach vorne.

c)

1-4: 1/8-Drehung nach links, so daß die Front nach vorne zeigt; Chassé nach rechts (re, li, re); Pas de Bourrée mit links (Kreuzschritt über hinten mit li, re seit, li vor; beide Schritte werden im Rhythmus „kurz-kurz-lang" ausgeführt).

5-8: Kick seitwärts mit rechts; die Arme werden in die 2. Position gehoben; Schritt rechts vorwärts; Schritt links seitwärts zur 2. Position; rechtes Bein auf dem Fußballen eindrehen; Oberkörper und Arme zeigen nach links; Contraction in der Körpermitte (vgl. Abb. 25).

Abb. 25

d)
1-4: Vier-Schritt-Drehung nach rechts (re, li, re, Tap).
5-8: Den linken Unterschenkel auf den Boden setzen und in die Seitlage gleiten.

Musikvorschlag: „So What“ (Candy Dulfer).

Ablauf E

a)
1-4: Vier Schritte in die vordere rechte Diagonale (re, li, re, li); 1/8-Drehung nach links.
5-8: 4x Chassé nach rechts (seit-an, seit-an, seit-an, seit).

b)
1-4: 4x Chassé nach links.
5-8: Vier-Schritt-Drehung nach rechts (re, li, re, li), dabei werden die Beine mit dem letzten Schritt nicht geschlossen, sondern das linke Bein wird lediglich auf dem Fußballen eingedreht; Contraction in der Körpermitte.

c)
1-4: Pas de Bourrée mit links; am Ende befindet sich die Front in der linken vorderen Diagonalen; zwei Schritte vorwärts in die Diagonale (re, li); 3/8-Drehung links (Front nach hinten).
5-8: Zwei Schritte am Platz in die 2. Position (re, li), dabei nacheinander den rechten und linken Arm in die 5. Position führen; Kreuzschritt rechts vor links, 1/2-Drehung links (Front vorne), Vorsetzen des linken Beines; dabei beide Arme über die Seite nach unten führen; die Finger sind zur Jazzhand gespreizt.

d)
1-4: Zwei Schritte (re, li) in die 2. Position; die Arme werden nacheinander zur 5. Position gehoben. Diese Position wird auf „3-4“ gehalten.
5-8: 2x Balltwist (auf li, auf re); Chassé nach rechts, dabei die Arme zur 2. Position öffnen.

e)

1-4: Schritt links vorwärts; der rechte Fuß „zeichnet“ einen Halbkreis von hinten nach vorne auf den Boden (Rond de jambe); Kreuzschritt rechts vor links; Schritt links zur 2. Position.

5-8: Stomp-Step mit rechts; Stomp-Step mit links.

h)

1-4: Mit vier großen Schritten einen Kreis nach rechts gehen (re, li, re, li).

5-8: Schritt rechts in die 2. Position; zwei Beckenkreise über rechts.

g)

1-4: Zwei Schritte in die rechte vordere Diagonale (re, li); Hop auf dem rechten Bein; das Spielbein befindet sich hinter dem Körper; beide Arme werden im Sprung nach oben geführt (vgl. Abb. 12).

5-8: 1/4-Drehung links in die linke Diagonale; Wiederholung des Sprunges mit dem linken Bein; Kreuzschritt rechts vor links; Schritt links seitwärts in die 2. Position; Öffnen der Arme zur 5. Position; der Blick ist nach oben gerichtet.

Musikvorschlag: „The Indian Call“ (Curt Cress).

Ablauf F

a)

1-4: Drei Schritte vorwärts (re, li, re). Kreuzschritt rechts vor links.

5-8: Schritt links seitwärts, Kreuzschritt rechts hinter links; dabei zuerst den linken, dann den rechten Arm zur 5. Position heben; das rechte Bein wieder zur Seite einwärts auf den Fußballen aufsetzen und belasten; Arme über die Seite senken; gleichzeitig auf „7-8“ den Brustkorb vor- und zurückbewegen.

b)

1-4: Pas de Bourrée mit rechts, Pas de Bourrée mit links.

5-8: Schritt rechts vorwärts; das linke Bein beugen und ausdrehen, so daß der linke Fuß am rechten Knie liegt; das linke Knie zeigt zur Seite (Passé); den rechten Arm während dieser Bewegung frontal über rechts, oben, links, unten kreisen lassen; Kreuzschritt links vor rechts; das rechte Bein einwärts gedreht zur Seite stellen; Contraction in der Körpermitte auf „8“.

c)

1-4: Zwei Schritte vorwärts in die rechte Diagonale (re, li); Kick-Ball-Change mit rechts; das Gewicht liegt am Ende auf dem linken Bein.

5-8: Triplet mit rechts; Triplet mit links.

d)

1-4: Mit vier Schritten einen Kreis nach rechts bis in die linke vordere Diagonale gehen (re, li, re, li).

5-8: Schritt rechts seitwärts zur 2. Position (Front in Diagonale); Beugen der Knie und Vorschieben der Hüfte, so daß die Knie den Boden berühren; die rechte Hand stützt seitlich neben dem Körper; der linke Arm befindet sich vor dem Körper (vgl. Abb. 26).

Musikvorschlag 1 (langsam): „The Darkside" (US 3).
Musikvorschlag 2 (schnell): „Make Tracks" (US 3).

Abb. 26

4 Exercises im Jazztanz

Im letzten Kapitel wurden einige Grundelemente des Jazztanzes sowie Vorschläge für Bewegungsabläufe vorgestellt. Dabei bin ich davon ausgegangen, daß Sie die Bewegungen, eventuell nach einem kurzen „Warm-up" (s.u.), direkt tanzen, um Jazztanz sozusagen „tanzend" zu erlernen.

Nun ist es allerdings möglich, daß Sie bei sich Probleme in bezug auf Beweglichkeit, Kraft oder auch Koordinationsvermögen feststellen, wahrscheinlich weil Sie im Alltag wenig Gelegenheit haben, diese Fähigkeiten zu entwickeln. Deshalb möchte ich im folgenden Kapitel Übungen, also „Exercises" vorstellen, die Ihnen helfen sollen, Ihre körperlich-konditionellen Grundlagen zu verbessern. Hierbei werde ich auch einige Hinweise zur Erwärmung im Jazztanz geben.

Solche Übungen werden in den meisten Büchern vor der Erarbeitung von Jazztanztechniken angegeben. Ich habe jedoch bewußt eine andere Reihenfolge gewählt. Denn ich möchte den Eindruck vermeiden, man müsse zunächst ein Körpertraining absolvieren, bevor man tanzen kann. Wie bereits im ersten Kapitel erläutert, war der Jazztanz in seinen Ursprüngen ein spontanes Sich-Bewegen, die körperlichen Fähigkeiten wurden tanzend entwickelt. Unser heutiger „Bewegungsalltag", sofern man überhaupt noch von Bewegung im Alltag sprechen kann, ist allerdings damit nicht zu vergleichen. Deshalb erscheint ein Körpertraining schon aus gesundheitlichen Gründen zur Vermeidung von Verletzungen sinnvoll.

Dennoch möchte ich den Stellenwert eines solchen Körpertrainings in bezug auf das Tanzen im Laienbereich nicht zu hoch ansetzen. (Bei professionellen TänzerInnen sieht die Situation aufgrund der extremen körperlichen Anforderungen natürlich völlig anders aus!) Im Jazztanzkurs beginne ich deshalb mit Entspannungs- oder Einstimmungsaufgaben, die gleichzeitig den Körper erwärmen und vorbereiten, und gehe dann direkt über zum Tanzen. Ein Körpertraining erfolgt erst im Laufe der Stunde. Ich hoffe, auf diese Weise das Tanzen und nicht das Trainieren in den Vordergrund zu stellen. (Andere Tanzformen werden allerdings einen anderen Stundenaufbau benötigen.)

Bevor die verschiedenen Übungen am Boden und im Stand erläutert werden, möchte ich noch auf einige grundsätzliche Punkte hinweisen.

Beim Nachmachen der folgenden Übungen sollten Sie zunächst vorsichtig beginnen, denn nicht jede Übung muß für Sie die richtige sein. Suchen Sie sich zunächst die Übungen heraus, die Sie problemlos bewältigen können und lassen Sie vorerst die anderen beiseite. Wenn Sie regelmäßig trainieren, werden sich Beweglichkeit und Kraft verbessern, und Sie können Ihr Übungsrepertoire erweitern.

Die angegebenen Aufgaben berücksichtigen unterschiedliche Körperteile. Es gibt Aufgaben, die primär für das Training der Bein- und Hüftmuskulatur gedacht sind, während andere in erster Linie die Rumpfmuskulatur beanspruchen. Im Unterricht versuche ich zumeist, die verschiedenen Aufgabenbereiche zu verbinden, um den ganzen Körper gleichmäßig und gleichzeitig zu trainieren. Es wäre jedoch auch möglich, innerhalb einer Stunde einen Schwerpunkt auf einen bestimmten Körperbereich zu legen.

In den ersten Stunden arbeite ich beim Exercise ohne Musik oder nur mit leiser Begleitung im Hintergrund, damit jede Teilnehmerin und jeder Teilnehmer die Übungen kennenlernen und im eigenen Tempo ausführen kann. Später werden die Übungen dann in einem bestimmten Zeitmaß zur Musik durchgeführt. Meine „Lieblingsmusik“ hierfür ist das Stück „God Bless the Child“ von Keith Jarrett, weil es für mich eine gewisse Ruhe und Konzentration ausstrahlt. Klar rhythmisierte Perkussionsbegleitung eignet sich jedoch ebenso.

Ich möchte im folgenden auf die Angabe von Zählzeiten verzichten, damit Sie sich ganz auf die Ausführung der Übung konzentrieren können und Ihr eigenes Tempo finden. Vielleicht möchten Sie später selbst Zählzeiten festlegen? Alle Übungen lassen sich auf „4“ beziehungsweise „8“ auszählen, wobei es unterschiedliche Möglichkeiten der Verteilung der einzelnen Bewegungen auf die Zählzeiten gibt. Finden Sie Ihre eigene Version.

Ich werde, bis auf wenige Ausnahmen, auch keine Angaben zur Atmung machen. Versuchen Sie vielmehr, bei allen Übungen ruhig zu atmen. Vielleicht hilft es Ihnen, wenn Sie sich besonders auf die Ausatmung konzentrieren, denn die Einatmung erfolgt dann von alleine. Dabei dürfen die Atemgeräusche durchaus hörbar sein.

Sie müssen selbstverständlich nicht alle Übungen durcharbeiten, sollten sich aber in etwa an die Reihenfolge halten, denn die Intensität und Schwierigkeit der Aufgaben nimmt zu. Ich beschreibe in diesem Kapitel nur kurze Bewegungsfolgen; es wäre aber möglich, aus verschiedenen, einzelnen Aufgaben einen ganzen Ablauf zusammenzustellen. In Kursen für Fortgeschrittene wird häufig auf diese Weise trainiert. Ich werde am Ende eines Abschnittes ein Beispiel für eine solche Folge skizzieren.

Hinweise zur Erwärmung im Jazztanz

In den meisten Sportarten ist es üblich, mit speziellen Übungen zur Kreislaufanregung und zur Dehnung verschiedener Muskelgruppen zu beginnen, um den Körper auf die nachfolgende Belastung vorzubereiten und Verletzungen zu vermeiden. Anschließend folgen zumeist Übungen zur Technikverbesserung innerhalb der betreffenden Sportdisziplin.

Beim Tanzen ist es jedoch schwierig, zwischen Erwärmung und Tanztraining zu unterscheiden, da beide Formen stark ineinandergreifen. Selbstverständlich kann man auch hier mit Aufgaben zur Fortbewegung beginnen, die die Pulsfrequenz erhöhen und den Kreislauf aktivieren. Dies können dann sowohl Improvisationsaufgaben sein, als auch Übungen, bei denen ein einfacher Bewegungsablauf übernommen wird. Im Anschluß an dieses „Warmtanzen“ erfolgt dann ein Exercise zur Verbesserung von Körper- und Bewegungstechnik, bei dem gleichzeitig die Muskulatur gedehnt und gekräftigt wird. Solche Exerciseformen werden in den nächsten beiden Abschnitten vorgestellt. Hierbei handelt es sich jedoch bereits um tänzerische Formen, so daß man im Grunde nicht zwischen Erwärmung und eigentlichem Tanztraining unterscheiden kann.

Es gibt allerdings auch Stunden, in denen auf ein solches Exercise gänzlich verzichtet wird und die gesamte Erwärmung tanzend erfolgt. Hierbei sollte die Intensität der Bewegungen allmählich gesteigert werden.

Weiterhin können Tanzstunden mit **Entspannungs-** und **Lockerungsübungen** am Boden oder im Stand beginnen, und der Kreislauf wird erst im Laufe der Stunde aktiviert. Ein solcher Stundeneinstieg ist nach meiner

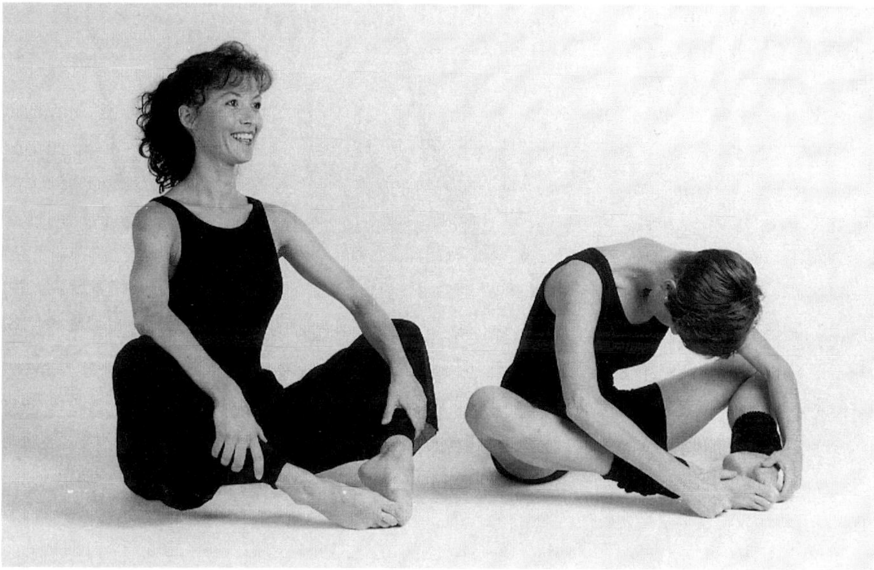

Abb. 27

Abb. 28

Erfahrung besonders bei Erwachsenenkursen am Abend sinnvoll, da die TeilnehmerInnen erst einmal „abschalten“ wollen, um dann allmählich zum Tanzen zu kommen.

Da somit die Art und Weise der Erwärmung situationsabhängig ist, möchte ich kein spezielles Warm-up beschreiben. Es ist jedoch ohne weiteres möglich, sich aus den Übungen und Aufgaben in diesem Buch eine Erwärmungsphase zusammenzustellen.

Bodentraining

Übungen am Boden haben den Vorteil, daß man zum einen nicht mit dem Gleichgewicht kämpfen muß und zum anderen durch den Kontakt zum Boden eine Rückmeldung über die eigene Haltung bekommt. So kann man beispielsweise nur dann „geradesitzen“, also die Wirbelsäule aufrichten, wenn das Gewicht auf und nicht hinter den Sitzbeinknochen ruht. Diese Position läßt sich am Boden gut erspüren; es ist dagegen viel schwieriger, diese Haltung in den Stand zu übertragen. Deshalb stellt die Bodenarbeit einen wichtigen Bestandteil des Körpertrainings dar.

1. Sie sitzen im Schneidersitz und legen die Fußsohlen aneinander (= Froschsitz oder frogsit); versuchen Sie, die Wirbelsäule völlig aufzurichten. Rollen Sie Wirbel für Wirbel nach vorne/unten und richten Sie sich genauso bewußt wieder auf. Die Bewegung beginnt und endet dabei mit dem Kopf (vgl. Abb. 27).

   Variation
   Verbinden Sie diese Aufgabe mit einer Contraction in der Körpermitte. Nachdem Sie sich wieder aufgerichtet haben, ziehen Sie sich in der Körpermitte durch Einsatz von Bauch- und Gesäßmuskulatur zusammen. Unterstützen Sie die Contraction mit der Ausatmung. Dabei sollten die Brustwirbelsäule und die Schultern ruhig bleiben. Lösen Sie die Contraction auf („Release“) und beginnen Sie wieder mit dem Abrollen (vgl. Abb. 28).

2. Führen Sie im Froschsitz eine Körperwelle aus, indem Sie sich mit geradem Rücken nach vorne beugen, dann den Rücken runden und von der Lendenwirbelsäule ausgehend wieder ins Zentrum aufrollen.

   Variation
   Verbinden Sie diese Übung mit der vorherigen Bewegungsfolge.

3. Neigen Sie sich im Langsitz (1. Bodenposition) nach rechts. Stützen Sie sich dabei auf den rechten Unterarm und führen Sie den linken Arm gestreckt über den Kopf. Wiederholen Sie die Bewegung zur linken Seite. Wechseln Sie bei dieser Übung zwischen gestreckten („Point") und gebeugten („Flex") Füßen.

4. Neigen Sie sich in der 1. Bodenposition zur Seite und führen Sie die Bewegung nach vorne zur Rumpfvorbeuge fort. Richten Sie sich mit geradem Rücken auf und wiederholen Sie die Übung zur anderen Seite. Wechseln Sie wiederum zwischen Point- und Flexposition der Füße.

   Variation
   Führen Sie die gleiche Bewegung im Froschsitz aus.

5. Wechseln Sie in der 1. Bodenposition 8x von gestreckten zu gebeugten Füßen („Flex-Point"). Dabei sollte die Wirbelsäule völlig aufgerichtet bleiben. Wiederholen Sie die Bewegung der Füße und führen Sie nun gleichzeitig bei jeder Flexion eine Contraction in der Körpermitte aus. Die Hände können bei dieser Übung neben dem Körper auf dem Boden stützen.

   Variation
   Die Arme werden in die 5. Position geführt. Während der Contraction können nun gleichzeitig die Handgelenke gebeugt werden.

6. Versuchen Sie, aus der 1. Bodenposition in die Rückenlage zu rollen und dabei jeden Wirbel bewußt auf den Boden zu legen. Öffnen Sie die Arme zur Seite und stützen Sie sich mit geradem Rücken wieder hoch in die 1. Bodenposition. Schieben Sie nun nacheinander das rechte und linke Bein ein wenig nach vorne, so daß Sie sich im Sit-

zen fortbewegen. Versuchen Sie die gleiche Bewegung auch nach hinten.

7. Rollen Sie aus der 1. Bodenposition Wirbel für Wirbel in die Rückenlage; öffnen Sie die Arme zur Seite und stützen Sie sich mit Hilfe der Arme zurück in die 1. Bodenposition (s. o.); nun werden die Beine zum Froschsitz gebeugt und es erfolgt eine Contraction; strecken Sie die Beine wieder zur 1. Bodenposition, beugen Sie sich nochmals weich nach vorne und richten Sie sich erneut auf zur Ausgangsstellung.

8. Ziehen Sie in Rückenlage ein Knie zur Brust. Das andere Bein wird zunächst auf den Boden gestellt und dann am Boden entlanggestreckt. Vermeiden Sie dabei eine Hohlkreuzposition. Nachdem Sie die Dehnung eine Weile gehalten haben, wechseln Sie zur anderen Seite.

9. Setzen Sie sich in den „Hüftsitz“ (4. Bodenposition). Dies bedeutet, daß ein Unterschenkel vor Ihnen und der zweite seitlich neben Ihnen liegt. Dabei sollen Sie nicht nur auf einer Hüfte sitzen, sondern das Körpergewicht zwischen die Beine legen. Neigen Sie sich abwechselnd nach rechts und links (Flankendehnung). Hierbei stützt ein Arm am Boden, der andere wird über den Kopf gestreckt. Üben Sie im Hüftsitz sowohl nach rechts als auch nach links (vgl. Abb. 29).

10. Drehen Sie den Oberkörper im Hüftsitz, indem Sie zunächst die Hüfte, dann Brustkorb, Schultern und Kopf zur Seite drehen. Das Zurückdrehen beginnt ebenfalls mit dem Becken. Bei dieser Bewegung kann ein Arm auf dem Boden stützen oder beide Arme werden in die Drehung einbezogen. Achten Sie darauf, daß Sie sich vor der Drehung völlig aufrichten.

11. Drehen Sie den Oberkörper in die sogenannte „Spirale“. Dabei führen Sie den Rumpf flach am Boden zur Seite. Ein Arm stützt, während der andere in die Bewegung einbezogen wird. Versuchen Sie, sich so weit zu drehen, daß Sie den hinteren Fuß sehen können (vgl. Abb. 30).

Abb. 29

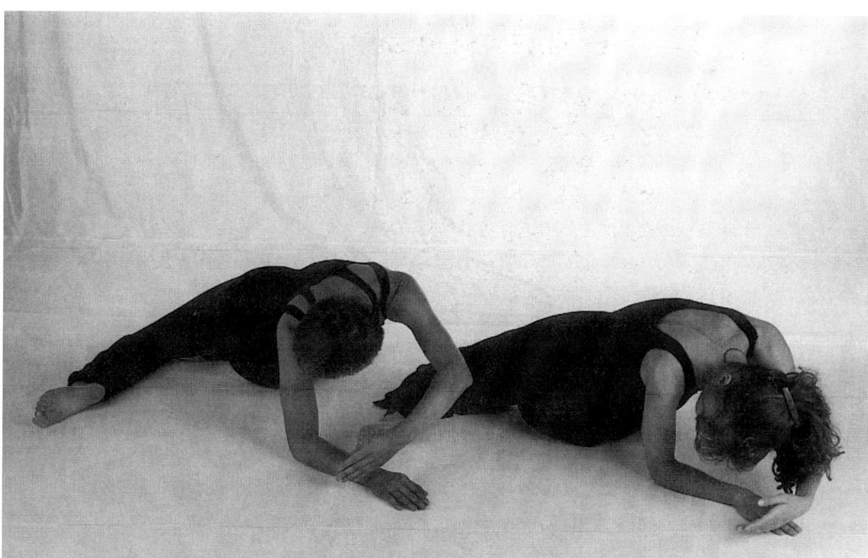

Abb. 30

12. Verbinden Sie Flankendehnung, Drehung und Spirale im Hüftsitz zu einer Bewegungsfolge. Führen Sie alle Bewegungen auch auf der anderen Seite aus.

13. Öffnen Sie die Beine zum Grätschsitz (2. Bodenposition). Die Knie zeigen nach oben/hinten. Versuchen Sie, sich nicht „hinter", sondern „zwischen" die Beine auf die Sitzbeinknochen zu setzen. Falls Ihnen das nicht gelingt, weil Ihre Beweglichkeit noch nicht ausreicht, können Sie sich auf ein festes Kissen oder ein Telefonbuch o.ä. setzen. Die Hände werden anfangs hinter dem Körper aufgestützt, um die Aufrichtung der Wirbelsäule zu unterstützen. Wenn Ihre Rückenmuskulatur stark genug ist, können Sie die Arme zur 2. Position öffnen. Beugen und strecken Sie die Füße (Flex-Point), ohne die Streckung des Rückens aufzugeben.

14. Beugen und strecken Sie in der 2. Bodenposition die Füße und beziehen Sie auch die Kniegelenke in die Bewegung ein. Bei der Beugung der Knie dürfen die Fersen nicht zum Körper gezogen werden. Drücken Sie sie vielmehr in den Boden, um eine Gegenspannung aufzubauen.

15. Drehen Sie in der 2. Bodenposition den Oberkörper zum rechten Bein. Achten Sie darauf, daß das linke Bein nicht mitdreht und dadurch das Knie nach vorne zeigt. Ziehen Sie nun den rechten Fuß an und beugen Sie den Oberkörper leicht zurück. Daraufhin wird das Bein wieder gestreckt und der Rumpf kehrt in die Senkrechte zurück. Drehen Sie sich zur Mitte und weiter zum anderen Bein. Die Arme können bei dieser Übung am Boden aufgestützt werden.

    Variation
    Heben Sie die Arme zur 5. Position. Sie werden spüren, daß diese Armhaltung die Übung intensiviert, aber auch erschwert.

16. Versuchen Sie, sich in der 2. Bodenposition abwechselnd auf das rechte und linke Bein zu legen. Hierbei soll nicht die Nase zum Knie geführt werden, sondern der Brustkorb sollte den Oberschenkel berühren, damit der Rücken gestreckt bleibt. Kreuzen Sie die Hand-

gelenke und versuchen Sie, das Fußgelenk zu fassen. Diese Übung ist allerdings nur sinnvoll, wenn Sie wirklich „zwischen" den Beinen sitzen. Falls Ihnen das Mühe bereitet, kann Ihnen eine Erhöhung der Sitzfläche helfen.

17. Neigen Sie sich in der 2. Bodenposition zur Seite (Flankendehnung). Der rechte Unterarm kann dabei vor das rechte Bein gelegt werden, während der linke Arm über den Kopf geführt wird, um die Dehnung zu verstärken.

18. Neigen Sie sich in der 2. Bodenposition zur rechten Seite (Flankendehnung) und führen Sie mit dem linken Arm einen Frontalkreis über unten, rechts, oben und links aus. Richten Sie sich mit dem Armkreis auf und wechseln Sie zur anderen Seite.

19. Legen Sie sich in der 2. Bodenposition auf das rechte Bein und umfassen Sie Wade oder Fußgelenk. Führen Sie nun den linken Arm nach oben und drehen Sie die linke Schulter zurück (Flankendehnung). Schauen Sie dabei zur linken Hand. Bringen Sie Arm und Schulter wieder in die Ausgangsstellung, richten Sie sich mit geradem Rücken auf und wiederholen Sie den Ablauf zur anderen Seite (vgl. Abb. 31).

20. Neigen Sie sich in der 2. Bodenposition zur rechten Seite (Flankendehnung), beugen Sie sich danach nach vorne zwischen die Beine, wechseln Sie dann zur Flankendehnung nach links und richten Sie sich wieder zur Mitte auf. Wiederholen Sie daraufhin den gesamten Ablauf linksherum. Halten Sie die Dehnung in jeder Position zunächst auf 8, dann auf 4 und zuletzt auf 2 Zählzeiten.

    Variation
    Führen Sie die Bewegungen mit gebeugten Füßen (Flex) aus.

21. Stützen Sie in der Bauchlage die Arme auf, führen Sie die linke Schulter zurück und drehen Sie sich mit einer halben Drehung in die 1. Bodenposition. Setzen Sie in der 1. Bodenposition den linken Fuß auf und stützen Sie sich mit der rechten Hand dicht am Körper ab. Heben Sie nun das Becken vom Boden, so daß Ihr Körpergewicht auf

Abb. 31

dem rechten Arm und dem linken Bein ruht. Kehren Sie in die 1. Bodenposition zurück und drehen Sie sich wieder zur Bauchlage. Versuchen Sie, den Bewegungsablauf auch zur anderen Seite auszuführen (vgl. Abb. 32).

22. Führen Sie im Fersensitz eine Körperwelle aus, indem Sie zunächst den Oberkörper mit geradem Rücken in Richtung Boden bringen und dann mit rundem Rücken Wirbel für Wirbel wieder in die Senkrechte hochrollen. Das Hochrollen beginnt dabei in der Lendenwirbelsäule und der Kopf beendet die Bewegung.

23. Richten Sie sich aus dem Fersensitz mehrmals in den Kniestand auf, indem Sie zunächst eine Contraction in der Körpermitte ausführen und erst dann das Becken von den Fersen heben. Versuchen Sie, die Contraction auch beim Senken in den Fersensitz solange wie möglich zu halten.

Abb. 32

24. Heben Sie in der Rückenlage mit aufgestellten Beinen das Becken vom Boden (Nackenbrücke) und rollen Sie langsam, Wirbel für Wirbel wieder zurück in die Ausgangsstellung.

25. Stellen Sie in der Rückenlage einen Fuß auf und führen Sie das andere Bein mehrmals gestreckt in Richtung Brustbein (Grand Battement). Beim Senken des Beines müssen Sie ein Hohlkreuz vermeiden, indem Sie die Bauchmuskulatur anspannen und die Lendenwirbelsäule an den Boden drücken. Wechseln Sie dann zur anderen Seite.

    Variation
    Sie können bei dieser Übung auch das Becken vom Boden heben, was allerdings eine gute Rückenmuskulatur und viel Gleichgewichtssinn verlangt.

26. Sie liegen auf dem Rücken und stellen beide Füße auf den Boden. Heben Sie nun Kopf und Schultern vom Boden und bewegen Sie die Schultern um wenige Zentimeter auf und ab. Ziehen Sie sich bei jeder Aufwärtsbewegung in der Körpermitte zusammen (Contraction) und atmen Sie dabei aus. Die Arme können entweder nach vorne gestreckt werden oder den Nacken abstützen.

    Variation
    Sie können diese Übung für die Bauchmuskulatur auch mit der oben beschriebenen „Nackenbrücke" kombinieren, um gleichzeitig die Rückenmuskulatur zu trainieren. Heben Sie dazu nach mehreren Contractions das Becken vom Boden ab und rollen Sie dann wieder zurück in die Ausgangsstellung.

27. Versuchen Sie, in der Seitlage die Füße einige Zentimeter vom Boden zu heben, ohne mit dem Becken nach hinten auszuweichen. Die Arme können durch Stütz vor dem Körper helfen, das Gleichgewicht zu halten. Schwingen Sie nun die geschlossenen Beine über den Schwebesitz zur anderen Seite, so daß die Füße den Boden nicht berühren. Wechseln Sie mehrmals von einer Seite zur anderen.

28. Verlagern Sie im Schwebesitz das Gewicht auf eine Seite, ohne das Gleichgewicht zu verlieren. Die Arme können Ihnen helfen, die Balance zu halten. Wechseln Sie mehrmals von einer zur anderen Seite.

29. Kreuzen Sie in der Rückenlage das rechte Bein über das linke. Versuchen Sie nun, die linke Schulter ein wenig vom Boden zu heben und in Richtung rechtes Knie zu bewegen. Drücken Sie dabei die Lendenwirbelsäule fest an den Boden. Wechseln Sie die Beine, so daß das linke Bein oben liegt, und heben Sie die rechte Schulter vom Boden. Versuchen Sie, beim Anheben der Schulter auszuatmen.

30. Bewegen Sie im Schwebesitz Arme und Beine gleichzeitig in verschiedene Richtungen. Gehen Sie dabei ruhig das Risiko ein, auf die Seite oder auf den Rücken zu rollen. Vielleicht gibt Ihnen eine Musik entsprechenden Mut oder Motivation?

    Musikvorschlag: „Peter Gunn" (Soundtrack „Blues Brothers").

Aus den hier beschriebenen Übungen können Sie verschiedene Bewegungsfolgen zusammenstellen, bei denen Sie unterschiedliche Bodenpositionen verbinden. Ich möchte für eine solche Sequenz im folgenden ein Beispiel geben.

Jede Übung kann über 2x8, 4x8 oder 8x8 Zählzeiten erfolgen, wobei Sie jedoch Zählzeiten für den Positionswechsel berücksichtigen sollten. Das heißt, daß Sie u.U. die letzte Wiederholung der Übung verändern müssen, um rechtzeitig auf der nächsten „1" mit der neuen Bewegung beginnen zu können.

Versuchen Sie, die einzelnen Positionen fließend zu verbinden und die Arme auf eine für Sie sinnvolle Weise einzubeziehen. Hierbei können Sie die Arme sowohl auf den Boden stützen als auch in die 2. Position oder die 5. Position heben, um dadurch zum einen die Übung zu intensivieren und zum anderen die Form der Übung zu verändern.

– Sie beginnen mit Rumpfarbeit im Froschsitz (Roll-Down; Contract-Release).

– Strecken Sie die Beine zur 1. Bodenposition. Es folgen Übungen für die Fußgelenke (Flex-Point) und für den Oberkörper (Flankendehnung ohne und mit Rumpfvorbeuge).

– Rollen Sie zur Rückenlage ab; stellen Sie den linken Fuß auf und bewegen Sie das rechte Bein auf und ab (Grand Battement). Wechseln Sie zur anderen Seite.

– Nun können Sie in der Rückenlage beide Beine aufsetzen, Kopf und Schultern vom Boden abheben und kleine Contractions für die Bauchmuskulatur anschließen.

– Kippen Sie beide Knie aus der Rückenlage nach rechts; Sie können auf diese Weise zur Seite rollen und sich über die Seite in den Hüftsitz nach rechts aufrichten. Es folgen Übungen für den Rumpf (Verwringung, Spirale). Drehen Sie sich nach links über den Hocksitz zum Hüftsitz links und wiederholen Sie die Übungen zur anderen Seite.

– Drehen Sie sich nach rechts zurück in den Hocksitz und strecken Sie die Beine zur 2. Bodenposition. Schließen Sie Übungen für die Fußgelenke (Flex-Point) und für den Oberkörper an (Rumpfvorbeuge auf ein Bein, Flankendehnung, Rumpfkreis).

Sie können nun die Beine schließen und die Knie beugen, so daß Sie sich wieder im Froschsitz befinden, und die Folge von vorne beginnen.

Exercisefolgen im Stand

Es gibt zwar viele interessante und für den Jazztanz wichtige Übungen im Stand, aber bei der Durchführung der Übungen ergibt sich ein spezielles Problem: der „Kampf" um das Gleichgewicht. Im Klassischen Ballett wird deshalb zunächst „à la barre", also an der Stange, trainiert. Im Jazztanz ist dies dagegen weniger üblich. Wenn Sie jedoch bei einigen Formen große Schwierigkeiten mit der Balance haben, können Sie selbstverständlich eine Wand, einen Stuhl etc. zu Hilfe nehmen.

Übungen im Raum sind meist leichter auszuführen, wenn man ein gutes Gefühl für die eigene Mitte und für die Senkrechte hat. Stellen Sie sich eine große Verbindungslinie vor, die vom Scheitel über Nacken und Rücken zum Steißbein und von dort über die Sitzbeinknochen und Beine zu den Fersen fällt. Diese Linie ist keineswegs starr, sondern frei beweglich; aber es sollte möglich sein, immer wieder in die Senkrechte zurückzukehren. Hierbei kommt dem Kontakt zum Boden eine wichtige Bedeutung zu, denn wir brauchen den Abdruck vom Boden, wenn wir uns fortbewegen. Da wir diesen Kontakt zunächst mit den Füßen aufnehmen, kann es für Sie sinnvoll sein, barfuß zu tanzen. Die hier angegebenen Übungen zum Bereich „Fußarbeit" sollen besonders das Gefühl für den Boden entwickeln.

Aufgaben für den Rumpf sollen in erster Linie die Muskulatur kräftigen und die Bewegungen fließender machen. Wenn Sie Probleme mit Ihrer Wirbelsäule haben, sollten Sie die Übungen vorsichtig und kontrolliert ausführen, um zu spüren, welche Ihnen guttut und welche für Ihre spezielle Situation weniger geeignet ist. Vermeiden Sie ein Aufrichten aus der Rumpfvorbeuge mit gestreckten Knien, obwohl dies im Tanztraining häufig vorkommt. Diese Bewegung belastet die Lendenwirbelsäule besonders stark. Es ist daher besser, die Knie erst zu beugen (Plié) und sich dann aufzurichten.

Ich möchte die Übungen wiederum ohne Zählzeiten beschreiben, damit Sie sie in Ihrem eigenem Tempo durchführen. Wenn Sie sich in der Bewegung sicher fühlen, können Sie die Bewegung auf „8“ oder „4“ auszählen. Auch für die Exercises im Stand kann ich die Musik „God Bless the Child“ von Keith Jarrett empfehlen; es gibt jedoch eine Vielzahl von Musiken, die sich ebenfalls eignen. Vertrauen Sie dabei ruhig Ihrem eigenen Geschmack.

Die verschiedenen Übungen werden mitunter aus unterschiedlichen Positionen begonnen. Man unterscheidet dabei parallele und ausgerollte Positionen. „Ausgerollt“ bedeutet, daß die Beine in den Hüftgelenken nach außen gedreht werden und die Fußspitzen diagonal seitwärts zeigen. Achten Sie darauf, daß Sie die Füße nicht zu weit öffnen. Sie müssen auf der ganzen Fußsohle stehen, wenn Sie eine Fehlbelastung im Kniegelenk vermeiden wollen. In der 1. Position berühren sich die Fersen; in der 2. Position haben sie etwa $1^1/_2$ Fußlängen Abstand.

Bei parallelen Positionen zeigen die Füße geradeaus. In der 1. Position sind die Beine geschlossen, jedoch nicht zusammengepreßt; in der 2. Position beträgt der Abstand etwa Hüftbreite. (Die verschiedenen Positionen werden am Ende des Buches zusammenfassend dargestellt.)

1. Öffnen Sie die Beine etwa hüftbreit; die Fußspitzen zeigen nach vorne (2. Position parallel), die Knie sind leicht gebeugt. „Rollen“ Sie langsam, Wirbel für Wirbel, den Rumpf nach vorne/unten und kommen Sie genauso wieder in die Senkrechte. Die Bewegung beginnt und endet mit dem Kopf. Heben Sie sich nun in den Ballenstand (“Relevé“); die Arme werden dabei über vorne in die 5. Position geführt. Senken Sie die Fersen wieder zu Boden und wiederholen Sie die Übung.

2. Rollen Sie in verschiedenen Positionen den Rumpf nach vorne/unten und richten Sie sich Wirbel für Wirbel wieder auf. Die Knie bleiben während der ganzen Übung leicht gebeugt, um eine Überlastung der Lendenwirbelsäule zu vermeiden. Versuchen Sie diese Übung nacheinander in der 1. Position parallel, in der 2. Position parallel, in der 2. Position ausgerollt und in der 1. Position ausgerollt. Sie können dann die Fußspitzen wieder nach vorne in eine parallele Stellung drehen und die Folge wiederholen.

   Variation
   Versuchen Sie, in der Vorbeuge die Hände auf den Boden zu setzen und sie ein wenig nach vorne zu bewegen, ohne die Fersen vom Boden zu lösen. Führen Sie die Hände langsam zurück und rollen Sie wieder hoch in die Senkrechte. Wenn Ihre Beinmuskulatur gut gedehnt ist, können Sie beim Vor- und Rücksetzen der Hände die Knie strecken.

3. Neigen Sie den Oberkörper zur Seite (Flankendehnung) und rollen Sie ihn in die Mitte zur Rumpfvorbeuge. Richten Sie sich dann Wirbel für Wirbel in die Senkrechte auf; der Kopf beendet die Bewegung. Erheben Sie sich in den Ballenstand (Relevé), senken Sie die Fersen zurück in die Ausgangsstellung und wiederholen Sie die Übung zur anderen Seite. Die Arme werden im Relevé nach oben geführt.

   Variation
   Führen Sie bei der Seitneigung nach rechts den linken und bei der Neigung nach links den rechten Arm über den Kopf (vgl. Abb. 33).

4. Führen Sie den Rumpf mit einer Körperwelle in die Rumpfvorbeuge. Hier beginnt die Bewegung mit einem Beugen der Knie und einem Kippen des Beckens; der Kopf fällt leicht in den Nacken und beendet die Welle nach unten. Rollen Sie dann Wirbel für Wirbel wieder hoch in die Senkrechte.

5. Versuchen Sie, den Oberkörper mit geradem Rücken nach vorne in die Waagerechte, die sogenannte „Tischhalte" zu führen. Dabei liegen die Arme zunächst am Körper an, können aber in der Tischhalte über die Seite nach vorne geführt werden. Achten Sie darauf, daß sich

Abb. 33

Schultern und Becken auf einer Linie befinden. Lassen Sie nun den Rumpf mit gebeugten Knien in die Vorbeuge fallen und richten Sie sich mit rundem Rücken wieder auf. In der Tischhalte sollte sich das Gewicht auf den ganzen Fuß verteilen, denn man neigt dazu, auf den Fersen zu stehen, um die Dehnung der Beinrückseiten zu verringern (vgl. Abb. 34).

Abb. 34

Variation

Versuchen Sie, in der Tischhalte eine Contraction in der Körpermitte auszuführen, so daß sich die Wirbelsäule rundet (Curve). Lösen Sie die Contraction auf (Release) und strecken Sie dadurch den Rücken wieder nach vorne. Nun können Sie die Übung wie oben beschrieben beenden.

6. Drehen Sie aus einer hüftbreit parallelen Position die Fußspitzen nach außen zur 2. Position ausgerollt. Versuchen Sie mit dem Rumpf einen Frontalkreis über rechts, unten, links und zurück in die Senkrechte zu beschreiben. Führen Sie dabei zunächst den linken Arm über den

Kopf, lassen Sie in der Rumpfvorbeuge beide Arme nach unten hängen und begleiten Sie die Aufrichtung über links mit dem rechten Arm. Lassen Sie in der Rumpfvorbeuge auch den Kopf nach unten fallen, um die Halswirbelsäule in die Rundung des Rückens einzubeziehen. Versuchen Sie, die Bewegung weich und fließend auszuführen. Die Knie werden hierzu gebeugt (Plié). Probieren Sie den Ablauf zur anderen Seite.

Variation
Verlagern Sie aus der 2. Position zunächst das Gewicht auf das rechte Bein und beginnen Sie dann mit dem Rumpfkreis. Beim Aufrichten über links liegt das Gewicht auf dem linken Bein, bevor Sie wieder in die Mitte zur 2. Position zurückkehren. Auf diese Weise vergrößert sich die Weite des Rumpfkreises.

7. Neigen Sie in der 2. Position ausgerollt den Oberkörper nach rechts (Flankendehnung) und führen Sie dabei den linken Arm über den Kopf. Drehen Sie nun die linke Ferse nach außen und den Oberkörper nach links zur Tischhalte. Der linke Arm befindet sich nun neben dem Kopf in der 5. Position. Lassen Sie den Rumpf nach unten fallen, beugen Sie die Knie und rollen Sie Wirbel für Wirbel nach oben. Drehen Sie nun die linke Ferse wieder nach innen und den Oberkörper nach vorne. Dabei werden die Knie gestreckt. Wiederholen Sie die Bewegung zur Gegenseite (vgl. Abb. 35).

   Variation
   Versuchen Sie, in der Tischhalte eine Contraction auszuführen (Curve). Strecken Sie den Rücken wieder in die Tischhalte und lassen Sie ihn nach unten fallen. Richten Sie sich aus dieser Position wieder in die Tischhalte auf, drehen Sie dann Fußspitze und Rumpf nach vorne (Flankendehnung) und kehren Sie zur Ausgangsstellung zurück. Wiederholen Sie diese Übung zur anderen Seite.

8. Drehen Sie in der 2. Position ausgerollt die linke Ferse nach außen und den Oberkörper nach rechts (= 4. Jazzposition). Hierbei befindet sich der linke Arm in Vorhalte (1. Armposition) und der rechte in Seithalte (2. Armposition). Beugen Sie die Knie (Plié) und ziehen Sie sich in der

Abb. 35

Abb. 36

Körpermitte zusammen (Contraction). Drehen Sie sich wieder zurück und versuchen Sie die Bewegung zur anderen Seite (vgl. Abb. 36).

9. Wechseln Sie in verschiedenen Positionen zwischen einem „Demi-Plié“ und einem Relevé ab. Bei einem „Demi-Plié“ werden die Knie nur so weit gebeugt, daß die Fersen auf dem Boden bleiben können. Dabei sollte der Oberkörper völlig aufrecht bleiben. Vielleicht hilft Ihnen die Vorstellung, daß Steißbein und Fersen miteinander in einer Senkrechten verbunden sind und diese Linie erhalten bleiben soll. Beim Relevé kippen die Fußgelenke leicht nach außen weg. Um dies zu verhindern, können Sie Ihr Gewicht stärker zum großen Zeh hin verlagern. Versuchen Sie, bei dieser Bewegung den Kontakt Ihrer Füße zum Boden und das Heben und Senken Ihres Körperschwerpunktes zu beobachten. Führen Sie die Bewegungen in folgenden Positionen aus: 1. Position parallel; 1. Position ausgerollt; 2. Position parallel; 2. Position ausgerollt. In den ausgerollten Positionen müssen im Plié auch die Knie nach außen zeigen. Vermeiden Sie auf alle Fälle eine Belastung der Fußinnenkanten (vgl. Abb. 37).

Abb. 37

10. Rollen Sie in der 1. Position parallel abwechselnd den rechten und linken Fuß vom Ballen zur Ferse ab. Versuchen Sie die Bewegung auch in anderen Positionen.

11. Heben Sie mehrmals hintereinander das rechte Knie und lassen Sie den Fuß locker auf den Boden fallen, so daß er vom Ballen zur Ferse abrollt. Versuchen Sie die Bewegung auch mit dem linken Bein.

12. Schleifen Sie aus der Schlußstellung den rechten Fuß nach vorne (Tendue), so daß nur noch die Fußspitze den Boden berührt. Ziehen Sie nun die Fußspitze zum Körper (Flex), ohne das Gleichgewicht zu verlieren. Setzen Sie sie wieder auf und schleifen Sie den Fuß wieder zurück in die Schlußstellung. Hierbei sollte die Gewichtsverlagerung von beiden auf ein Bein und wieder zurück nahezu „unsichtbar“ erfolgen. Wiederholen Sie die Bewegung auch mit dem linken Bein.

13. Schleifen Sie aus der 1. Position ausgerollt den rechten Fuß nach vorne. Drehen Sie nun die Ferse nach außen und setzen Sie den Fuß eingerollt auf den Boden. Hierbei werden die Knie gebeugt und die Arme in die Seithalte gehoben. Lösen Sie die Ferse vom Boden, drehen Sie das Bein wieder in die ausgerollte Position und schleifen Sie den Fuß zurück in die Ausgangsstellung. Die Knie werden dabei gestreckt und die Arme wieder nach unten geführt (vgl. Abb. 38).

14. Schleifen Sie aus der 1. Position ausgerollt den rechten Fuß mehrmals zur Seite und wieder zurück zur Ausgangsstellung (Tendue). Hierbei bleibt das rechte Knie völlig gestreckt, so daß sich nur Fuß- und Hüftgelenk bewegen. Öffnen Sie anschließend die Beine zur 2. Position ausgerollt und führen Sie eine 1/4-Drehung nach rechts aus. Das linke Bein wird dabei neben das rechte in die 2. Position parallel gesetzt. Ziehen Sie sich in der Körpermitte zusammen (Contraction), richten Sie sich wieder auf (Release) und drehen Sie sich zurück in die 2. Position ausgerollt. Sie können nun die Übung zur anderen Seite wiederholen.

15. Heben Sie in der 1. Position ausgerollt die rechte Ferse vom Boden. Beugen Sie nun das linke Bein (Plié) und drücken Sie die rechte Ferse

Abb. 38

mit Nachdruck zu Boden. Sie befinden sich jetzt im Demi-Plié. Achten Sie darauf, daß Fersen und Steißbein eine senkrechte Linie bilden. Strecken Sie langsam die Knie und wiederholen Sie die Übung mit dem linken Fuß.

Variation
Sie können den Bewegungsablauf auch gleichzeitig mit beiden Füßen ausführen. Hierzu benötigen Sie allerdings ein gutes Gleichgewichtsgefühl und eine entsprechende Spannung in der Körpermitte.

16. Machen Sie nacheinander einen großen Schritt mit rechts vorwärts, mit links rückwärts, mit dem rechten Bein nach rechts und mit dem linken Bein nach links. Das Bewegungsmuster im Raum entspricht also einem Kreuz. Das Spielbein befindet sich jedesmal in einer parallelen „Passé"-Position; das heißt, daß der Fuß sich am Knie des Standbeins befindet.

    Variation
    Heben Sie sich bei jedem Schritt in den Ballenstand (Relevé).

17. Heben Sie in der Schlußstellung die Arme in die V-Position und schwingen Sie den Rumpf entspannt nach vorne/unten. Die Arme können die Schwungbewegung unterstützen. Ziehen Sie beim Aufrichten abwechselnd das rechte und linke Knie zur parallelen Passé-Position nach oben (vgl. Abb. 39).

18. Schwingen Sie in der 1. Position parallel den Rumpf 3x nach vorne/unten. Wenn Sie sich beim dritten Mal aufrichten, führen Sie

Abb. 39

das rechte Knie in die parallele Passé-Position und heben Sie sich langsam in den Ballenstand (Relevé). Machen Sie einen großen Schritt nach vorne und schließen Sie das linke Bein in die 1. Position. Wiederholen Sie den Ablauf mit dem linken Bein.

19. Versuchen Sie folgende Bewegungsverbindung:
Rumpfschwung nach vorne/unten und aufrichten mit Passé parallel rechts. Die Front zeigt in die linke vordere Diagonale, die Arme befinden sich in der 5. Position.
Ausdrehen des rechten Beines zur ausgerollten Passé-Position, dabei erfolgt eine 1/8-Drehung nach rechts, so daß die Front nach vorne zeigt.
Schritt rechts seitwärts in eine große 2. Position. Die Arme befinden sich ebenfalls in der 2. Position.
Gewichtsverlagerung auf das rechte Bein. Hochziehen des linken Knies zur Passé-Position ausgerollt. Die Arme werden wieder zur 5. Position geführt.
Eindrehen des linken Beines zum Passé parallel und 1/8-Drehung nach rechts in die vordere rechte Diagonale; Absetzen des Fußes und Wiederholung des Ablaufes gegengleich.

20. Setzen Sie aus der 1. Position parallel ein Bein nach hinten und drücken Sie die Ferse zu Boden. Das Becken soll sich dabei unter dem Oberkörper befinden, darf also nicht nach hinten ausweichen. Schwingen Sie nun das Bein durch die 1. Position nach vorne/oben (Grand Battement), ohne das Standbein zu beugen oder im Rumpf einzusinken. Führen Sie nun das Bein wieder hinter den Körper und wiederholen Sie den Bewegungsablauf mehrmals. Wechseln Sie dann zur anderen Seite.

21. Setzen Sie aus der 1. Position ausgerollt ein Bein nach hinten, schwingen Sie das Bein nach vorne-oben (Grand Battement) und setzen Sie es dann eingerollt nur mit der Fußspitze vor dem Körper auf den Boden (Pointé). Drehen Sie das Bein wieder aus und kehren Sie in die Ausgangsstellung zurück. Wiederholen Sie nun die Bewegungsfolge mit dem anderen Bein. Die Arme können zur Seithalte geöffnet werden und helfen, das Gleichgewicht zu halten.

5 Choreographien im Jazztanz

In den nächsten Abschnitten möchte ich Hinweise zum Thema „Gestalten im Jazztanz“ geben. Es handelt sich dabei um persönliche Erfahrungen, die ich als Pädagogin und Choreographin sammeln konnte. Sicherlich werden andere Menschen, die in diesem Bereich arbeiten, zu anderen Gedanken und Erfahrungen kommen; deshalb gilt auch für die nächsten Abschnitte, daß sie als Anregung zu verstehen sind und keine Regeln für das Choreographieren eines Jazztanzes formulieren wollen.

Im dritten Abschnitt dieses Kapitels möchte ich beispielhaft einige Choreographien beschreiben. Es handelt sich dabei um Gestaltungen, die von Laiengruppen verschiedener Könnensstufen erarbeitet wurden. Falls Sie Mitglied einer Gruppe sind oder eine Gruppe leiten, können Sie selbstverständlich diese Choreographien nachtanzen. Genauso wäre es jedoch möglich, sich zu eigenen Variationen inspirieren zu lassen.

Welche Arten von Choreographien gibt es?

Wie im zweiten Kapitel erläutert, kann man beim Tanzunterricht zwischen dem „Improvisieren“ und „Komponieren“ von Bewegungsabläufen, also zwischen Improvisation und Komposition unterscheiden. Zur Komposition im Sinne einer festgelegten Gestaltung gehört die Methode der „Reproduktion“, das „Vormachen-Nachmachen“.

Dementsprechend kann man bei einer Choreographie zwischen drei Formen unterscheiden:

1. Eine Komposition als exakt festgelegte Gestaltung, die jederzeit in (nahezu) gleicher Weise reproduziert werden kann.
2. Eine Improvisation als spontane Gestaltung, die sich in gleicher Weise nicht wiederholen läßt.
3. Choreographien, die sowohl aus festgelegten als auch aus improvisierten Teilen bestehen.

Im Klassischen Ballett sind alle Choreographien genau festgelegt, teilweise wurden sie sogar über mehrere Tänzergenerationen weitergegeben. Dahingegen arbeiten der Ausdruckstanz, das Tanztheater und besonders der New Dance mit improvisierten Gestaltungen. Wie im ersten Kapitel dargestellt wurde, gehörte die Improvisation ursprünglich auch zum Jazztanz, selbst wenn wir heutzutage vorwiegend festgelegte Gestaltungen kennen.

Beide Gestaltungsformen lassen sich nur schwer miteinander vergleichen. Bei einer Komposition kann beispielsweise die Präzision der Bewegungen bestechen, während bei einer Improvisation die Spannung mehr darin liegt, etwas mitzuerleben, was erst im Augenblick entsteht. Es bedeutet für die TänzerInnen einen großen Unterschied, ob sie festgelegte Formen tanzen oder improvisieren. Leider findet die Entwicklung der Improvisationsfähigkeit bei professionellen TänzerInnen in der Ausbildung nach wie vor wenig Beachtung, denn zumeist geht es dort um die tanztechnische Perfektion. Dennoch spielt die Improvisation heutzutage sowohl im Bühnentanz als auch im Laienbereich eine wichtige Rolle.

Bestehen Choreographien sowohl aus improvisierten als auch aus festgelegten Teilen, gibt es hierfür verschiedene Möglichkeiten. Die Gestaltung kann sich beispielsweise in mehrere Abschnitte gliedern, die dann entsprechend choreographiert werden. Es ist aber auch möglich, daß ein Teil der Gruppe festgelegte Motive und Bewegungen tanzt, während einzelne TänzerInnen improvisieren. Es ist aber auf jeden Fall wichtig, daß zwischen den einzelnen Formen eine Beziehung besteht.

Auch bei einer Improvisation können Strukturen vorgegeben werden. Das heißt, daß nicht einfach „alles“ möglich ist, sondern daß das Bewegungsrepertoire und die Bewegungshandlungen in bezug auf ein bestimmtes Thema eingeschränkt werden. In diesem Zusammenhang spricht man auch von **„gebundener Improvisation“.**

Was sind nun mögliche Ansatzpunkte für eine Choreographie beziehungsweise woher kommt die Idee?

Ein möglicher Ansatzpunkt für eine Gestaltung kann ein bestimmtes **Thema** sein, das mit tänzerischen Mitteln dargestellt werden soll. Die Themenbereiche sind so vielfältig, daß eine Aufzählung unmöglich erscheint,

und jeder Choreograph oder jede Choreographin wird eigene Gebiete finden. Es können dabei politische Situationen, soziale Konflikte, psychologische Fragestellungen, aber auch abstrakte Themen ausgedrückt werden.

Ebenso finden sich Ideen für eine Choreographie in der **Literatur**. Ein Beispiel hierfür ist das Klassische Ballett in seinen frühen Formen, denn es beruht auf der Darstellung von Sagen und Märchen. Im Jazztanz wird man wahrscheinlich auf andere Vorlagen zurückgreifen, doch auch hier wäre eine solche Umsetzung denkbar.

Der wohl häufigste Ausgangspunkt für eine Gestaltung ist die **Musik**. Das heißt, daß man beim Anhören eines Musikstückes zu einer Choreographie inspiriert wird. Im Jazztanz wird es sich dabei vorwiegend um Stücke aus dem Jazz-, Soul-, Ethno- oder Popbereich handeln. Es kann aber ebenso interessant sein, eine klassische oder experimentelle Musik mit den Mitteln des Jazztanzes umzusetzen.

Stellt die Musik den Ausgangspunkt für die Choreographie dar, sollte man sich darüber im klaren sein, in welchem Verhältnis Musik und Bewegung zueinander stehen. Ist die Bewegung (lediglich) ein Sichtbarmachen der musikalischen Strukturen oder stehen Musik und Bewegung in einem Spannungsverhältnis? Stellt die Bewegung sozusagen ein eigenes Instrument, eine eigene Stimme dar? Das bedeutet zum Beispiel, daß vorhandene Rhythmen nicht unbedingt umgesetzt werden, sondern daß im Tanz ein eigener Rhythmus entsteht. Genauso könnte man einer schnellen Musik betont langsame Bewegungen entgegensetzen, um auf diese Weise einen Kontrast zu schaffen. Ich möchte hier keine bestimmte Vorgehensweise vorschreiben, sondern nur auf diese Fragestellung hinweisen. Es bleibt letztendlich eine persönliche Entscheidung, wie man mit der Musik umgeht.

Einen weiteren Ausgangspunkt für eine Choreographie stellen die bereits im zweiten Kapitel erläuterten **Gestaltungskriterien** Raum, Zeit, Dynamik und Form dar. Das heißt, daß man sich im Rahmen einer Choreographie beispielsweise mit einem bestimmten räumlichen Thema auseinandersetzt. „Enge-Weite" oder „Kurve-Gerade" wären mögliche Themen. Gleiches wäre auch für die anderen Gestaltungsaspekte möglich. So kann ein Tanz ausschließlich entlang einer Linie oder Wand erfolgen oder sich nur auf eine einzige Bewegungsform mit ihren Variationen beschränken. Im ersten Moment mag eine solche Einschränkung langweilig und wenig interessant erscheinen, doch oft ist man während des Gestaltungsprozesses erstaunt, wieviele bisher vernachlässigte Möglichkeiten zutage treten.

Einen auch für den Jazztanz wichtigen Ansatz stellt die Auseinandersetzung mit einem **Objekt** dar. Recht bekannt sind hier Choreographien, die mit einem Hut oder um und auf Stühlen getanzt werden. Oft ergeben sich durch die Auseinandersetzung mit einem Gegenstand ganz neue Bewegungsideen.

Selbstverständlich lassen sich die verschiedenen Ansatzpunkte miteinander verbinden. Ich habe beispielsweise eine Choreographie mit Gummistiefeln erarbeitet, die ohne Musik getanzt wurde. Statt dessen erzeugten die TänzerInnen mit ihren Stiefeln und durch verschiedene Laute selber unterschiedliche Rhythmen. Hier waren also auf der einen Seite ein Objekt und auf der anderen Seite der Rhythmus Ansatzpunkte für die Gestaltung.

Eine Idee allein läßt allerdings noch keine Gestaltung entstehen, sondern bietet nur einen Ansatz. Daher stellt sich die Frage, auf welche Weise diese Idee in die Praxis umgesetzt werden kann. Ich möchte mich deshalb im nächsten Abschnitt mit der Entwicklung von Choreographien auseinandersetzen.

Wie entstehen Choreographien im Jazztanz?

Viele Kompositionen, vielleicht sogar die meisten, werden von einem **Choreographen** oder einer **Choreographin** entwickelt und dann an die TänzerInnen weitergegeben. Hierfür gibt es verschiedene Möglichkeiten. Entweder steht die Gestaltung schon völlig fest und muß „nur noch" einstudiert werden oder sie entwickelt sich während der Arbeit mit der Gruppe. Das heißt, daß die Grundstruktur und ein Teil der Bewegungen bereits festgelegt ist und die betreffende Lehrkraft sich während der Einstudierung für die fehlenden Sequenzen von den TänzerInnen inspirieren läßt und mitunter auch bereits bestehende Abläufe verändert. Welche Bewegungsfolgen letztendlich verwendet werden, bestimmt jedoch sie.

Dies ist allerdings nicht die einzige Möglichkeit, eine Choreographie im Sinne einer Komposition zu entwickeln. Ebenso kann nämlich die **Gruppe** in diesen Prozeß einbezogen werden. Ein solches Vorgehen ist zwar sicherlich zeitaufwendig, hat aber den Vorteil, daß die Kreativität mehrerer Personen zusammenfließen kann. Die Entwicklung der einzelnen Bewegungsabläufe geschieht dann durch **Ausprobieren**. Die einzelnen TänzerInnen können also verschiedene Motive entwickeln und zeigen, über deren Einbeziehung in die Gestaltung die Gruppe entscheidet.

Das Bewegungsmaterial kann auch durch **Improvisieren** gefunden werden. In diesem Fall sollten eine oder mehrere Personen die TänzerInnen während der Improvisation beobachten und Ideen sammeln. Genauso könnte die Gruppe auf Video aufgenommen werden. Zwar kann sich das „Beobachtet werden" anfänglich hemmend auf die Bewegungsideen auswirken, aber bei einer entsprechenden Atmosphäre innerhalb der Gruppe wird sich diese Hemmung bald legen.

Ich möchte zum Thema „Entwicklung einer festgelegten Choreographie aus der Improvisation“ eine mögliche Bewegungsaufgabe skizzieren:

Die TänzerInnen gehen durch den Raum und versuchen, den vorhandenen Platz voll auszunutzen. Eine vorher bestimmte Person improvisiert aus dem Gehen heraus ein sehr kurzes Bewegungsmotiv, das sie nach wenigen Schritten immer wieder ausführt, damit die anderen die Bewegung aufnehmen können. Das Erlernen dieses Motives erfolgt durch Beobachtung während des Gehens, denn der Bewegungsfluß soll immer erhalten bleiben. Somit kommt es zu einem beständigen Wechsel zwischen Gehen und Ausführen des Bewegungsmotives, wobei jeder Tänzer und jede Tänzerin das Zeitmaß selbst bestimmt. Wird die Bewegung beherrscht, gibt eine zweite Person ein neues Motiv, das sich an das erste anschließt und ebenfalls von der Gruppe übernommen wird. Dieser Vorgang kann solange wiederholt werden, bis alle Gruppenmitglieder ein Motiv improvisiert haben. Auf diese Weise entsteht eine Bewegungsfolge, an der alle teilhatten. Mit diesem Ablauf kann nun auf unterschiedliche Weise weitergearbeitet werden:

- Er kann zum Beispiel zu einer Musik synchron getanzt werden. Durch die Einbeziehung von Musik werden die Bewegungen eine Veränderung in ihrer zeitlich-dynamischen Struktur erfahren, wobei es nicht unbedingt notwendig ist, daß die Bewegungen auf einen bestimmten Beat bezogen, also „ausgezählt“ werden. Man könnte Synchronität auch aus der gemeinsamen Atmung und durch klare Bewegungsansätze erreichen.

- Zwei oder mehrere Gruppen können mit dem Ablauf nacheinander einsetzen, so daß eine Art Kanon entsteht.

- Die Reihenfolge der Bewegungen könnte verändert werden.

- Der Bewegung kann ein Text unterlegt werden.

- Die Bewegungsfolge könnte die Grundstruktur für eine Gestaltung darstellen, die als Improvisation bestehen bleiben soll. Das heißt, daß die TänzerInnen das „Material“ dieses Ablaufes aufgreifen und es als Ausgangspunkt für eine persönliche Weiterentwicklung der Bewegungen verstehen können.

Auch Choreographien, die nicht als Komposition, sondern als Improvisation gedacht sind, sollten vorbereitet werden, indem man sie mehrmals, vielleicht in eingegrenzter Form, durchführt und sich gegenseitig Feedback gibt. Für eine Improvisation ist eine bestimmte Tanzfreude nötig; die TänzerInnen müssen sozusagen „in Stimmung sein", damit beim Improvisieren die nötige Spannung und Konzentration aufkommt. Es ist nicht einfach, eine entsprechende Atmosphäre entstehen zu lassen. Vielleicht greifen deshalb viele Lehrkräfte lieber auf eine reproduktive Arbeitsweise zurück? Die oben beschriebene Aufgabe stellt in diesem Zusammenhang für mich eine Möglichkeit dar, mit einer Gruppe zum Improvisieren zu kommen.

Nach diesen allgemeinen Erläuterungen zur Frage der Entwicklung von Choreographien möchte ich in den nächsten Abschnitten verschiedene Choreographien als Anregung zum eigenen Gestalten beschreiben. Ich versuche dabei, möglichst unterschiedliche Ansätze zu beschreiben, um die Vielfalt der Möglichkeiten deutlich werden zu lassen.

Beispiele für Choreographien

„Peace" (George Winston)

Bei dieser Choreographie geht es in erster Linie darum, die verschiedenen Möglichkeiten des Krafteinsatzes (Dynamik) und des Bewegungstempos beim Tanzen, von leichten und schnellen bis hin zu kraftvollen und langsamen, deutlich werden zu lassen. Grundlage hierfür ist eine Bewegungsfolge, die unter eben diesen Gesichtspunkten entwickelt wurde.

Für diese Folge gibt es kein Zeitmaß. Das heißt, daß jeder Tänzer beziehungsweise jede Tänzerin ein eigenes „Timing" finden soll. Zwischen den einzelnen Segmenten sind lange Pausen möglich, ebenso können verschiedene Bewegungen in rascher Folge hintereinander getanzt werden. Auf diese Weise verschiebt sich der Ablauf innerhalb der Gruppe. Während eine Tänzerin noch am Anfang der Folge steht, kann eine andere den Ablauf bereits einmal vollständig getanzt haben. Wie oft der Ablauf wiederholt werden soll, muß situativ entschieden werden.

Der Bewegungsablauf sieht folgendermaßen aus:

- Aus dem Hockstand „hochschnellen" zur 2. Position; die Arme sind zur V-Stellung erhoben, die Finger werden zur Jazzhand gespreizt, die Handflächen zeigen nach vorne.
  Die Qualität der Bewegung trägt den Charakter „schnell-kraftvoll".

- Die Handflächen werden nach außen gedreht und die Arme sinken im Zeitlupentempo an der Seite herunter, bis sie am Körper anliegen.
  Die Qualität der Bewegung trägt den Charakter „langsam-leicht".

- Contraction in der Körpermitte und annähern von rechter Schulter und linkem Knie; der Oberkörper neigt sich dabei nach vorne; die linke Ferse wird vom Boden gehoben.
  Die Qualität der Bewegung trägt den Charakter „langsam-kraftvoll" (vgl. Abb. 40).

Abb. 40

- Schnelles Zurückdrehen der rechten Schulter und Heranholen des linken Beines zur Schlußstellung, dabei wird eine Drehung nach links ausgeführt.
  Die Beschreibung der Bewegungsqualität lautet „schnell-leicht".

- Die Knie werden gebeugt (Plié) und der Oberkörper sinkt in einer Wellenbewegung nach unten; die Arme hängen locker neben beziehungsweise vor dem Körper.
  Die Bewegungsqualität trägt den Charakter „langsam-leicht" (vgl. Abb. 41).

- Absprung von beiden Beinen, der Oberkörper bleibt in der vorgeneigten Position; nach der Landung auf beiden Beinen erfolgt ein schneller Ausfallschritt rechts seitwärts; der rechte Arm wird schnell und kraftvoll zur Seite „geschleudert"; die Handfläche zeigt nach unten; der Blick ist zur Hand gerichtet.
  Diese Bewegungen haben die Qualität „schnell-kraftvoll".

Abb. 41

- Langsames Verlagern des Körpergewichtes zuerst auf beide Beine (2. Position) und dann auf das linke Bein; das rechte Bein wird auf dem Fußballen eingedreht; die rechte Schulter schiebt sich nach vorne und der Ellbogen dreht nach oben; Contraction in der Körpermitte; der Blick ist nach links unten gerichtet.
  Die Qualität der Bewegung trägt den Charakter „langsam-kraftvoll" (vgl. Abb. 42).

- Fallenlassen und Auspendeln des rechten Armes an der rechten Körperseite; langsames Schließen der Beine und ruhiges Drehen nach rechts auf der Stelle; die Arme werden dabei vor dem Körper hochgezogen, zur V-Stellung geöffnet und über die Seiten gesenkt; die Länge der Drehung bestimmen die TänzerInnen.
  Die Qualität der Bewegung trägt den Charakter „langsam-leicht".

Abb. 42

- Abdruck vom linken Bein zu einem großen Schritt vorwärts; schnelles Fallenlassen des Körpers in den Hockstand (= Ausgangsstellung); die Hände stützen vor dem Körper auf dem Boden.
  Die Bewegung wird in der Qualität „schnell-kraftvoll“ ausgeführt.

- Wiederholung der Bewegungsfolge.

Diese Gestaltung lebt von der Spannung und Überzeugung, mit der die TänzerInnen die Bewegungssequenz ausführen. Mir erscheint wichtig, daß alle TeilnehmerInnen individuell passende Lösungen in bezug auf Tempo und Krafteinsatz finden. Dabei sollte versucht werden, die persönlichen „Extreme“ zu erreichen. Das heißt, daß langsame Bewegungen „wirklich“ langsam, kraftvolle Bewegungen „wirklich“ kraftvoll ausgeführt werden, was zu einer Bereicherung der persönlichen Tanzerfahrung führen kann.

Die Musik soll die Spannung der Gestaltung erhöhen, nicht etwa die Bewegungsqualität der TänzerInnen bestimmen. Sie kann entweder ausgeblendet werden, nachdem die oder der letzte der Gruppe die Sequenz beendet hat oder sie endet, während die Gestaltung ohne Musik weitergetanzt wird. Es wäre auch möglich, ganz verschiedene Musiken ein- und auszublenden, so daß die Bewegungsfolge von unterschiedlichen Klangsituationen begleitet wird.

Eine (eventuelle) Aufführung dieser Choreographie wird jedesmal anders aussehen, da Zeitmaß oder Abstimmung innerhalb der Gruppe nicht festgelegt sind. Es bestünde sogar die Möglichkeit, den Bewegungsablauf währenddessen zu verändern, so daß die Gestaltung noch stärker den Charakter einer Improvisation trägt.

„Billy-A-Dick“ (Bette Midler)

Die Idee zu dieser Gestaltung entstand beim Anhören der fröhlichen, zum Tanzen einladenden Musik. Sie ist klar gegliedert und zudem sehr kurz, so daß auch AnfängerInnen mit der Länge der Choreographie nicht überfordert werden. Zudem werden einige Bewegungssequenzen mehrmals getanzt. Ich habe die Gestaltung sowohl an einem Wochenendworkshop als auch in einem Anfängerkurs erarbeitet und mit dieser Gruppe sogar an einer Aufführung teilgenommen. Wir haben den Ablauf dort völlig synchron getanzt, was aber nicht unbedingt nötig ist. Bei entsprechender Probenzeit könnte man ebenso die Gruppe an verschiedenen Stellen teilen und die Bewegungen in ihrer Form oder auch nur in bezug auf die Raumaufteilung verändern, so daß Kontraste entstehen. Da, wie bereits erwähnt, die Musik recht kurz, aber sehr lebendig ist, wirkt die Choreographie jedoch auch, wenn auf diese Kontraste verzichtet wird.

Die Formation der Gruppe kann je nach Gruppengröße variieren. Block, versetzte Reihen, ein „Pfeil“ oder auch eine freie Aufstellung sind möglich.

Wichtiger als das exakte Nachtanzen dieser Gestaltung erscheint mir das Erleben und Vermitteln einer bestimmten Stimmung, die durch die Musik entstehen kann. Die Einteilung der Musik in verschiedene Teile soll die Orientierung erleichtern. Sicherlich wäre auch eine andere Gliederung als die hier vorgenommene möglich.

Vorspiel: Front nach vorne; zum Beat der Musik in den Knien federn.

Teil A:

a)

1-8: 1/8-Drehung nach rechts; vier federnde Schritte vorwärts in die rechte vordere Diagonale; 1/4-Drehung links; vier federnde Schritte in die linke vordere Diagonale.

b)

1-8: 1/8-Drehung nach links (Front zur Seite, Blick nach vorne), Gewicht auf dem gebeugten linken Bein; das rechte Bein tippt 6x abwechselnd vor und hinter dem Körper auf den Boden; auf „7, 8“ Schritt rechts vorwärts, Schritt links vorwärts; dabei eine 1/4-Drehung nach rechts in die 2. Position ausführen (Front vorne).

c)

1-8: 2x Square nach links (re kreuzt vor li, li rück, re seit, li vor).

d)

1-4: 2x Turn-Step mit Drehung links (re vor, 1/2-Drehung li, li vor, re vor, 1/2-Drehung li, li vor); dabei die Arme in die 2. Position öffnen und das Becken mitschwingen.

5-8: Schritt rechts vorwärts, Schritt links seitwärts in die 2. Position; die Arme vor dem Körper kreuzen, über den Kopf heben und an den Seiten herunterführen, die Finger sind zur Jazzhand gespreizt; beim Anheben der Arme werden die Knie gebeugt (Plié); beim Senken der Arme werden die Knie wieder gestreckt.

Teil B:

a)

1-8: 4x Drag mit dem rechten Bein (re Knie betont anheben und wieder strecken); 4x Drag mit dem linken Bein (li Knie betont anheben und wieder strecken); die Arme bewegen sich gegen die Bewegungsrichtung des Knies; die Handgelenke sind gebeugt, so daß die Handflächen zu Boden zeigen.

b)

1-4: Zwei federnde Schritte vorwärts (re, li); zwei federnde Schritte rückwärts (re, li).

5-6: Vier schnelle Federungen mit geschlossenen Beinen („5-und-6-und"); dabei mit den Handflächen zu Boden drücken und die Schultern auf- und abbewegen.

7-8: In der Schlußstellung auf „7" auf die Oberschenkel, auf „8" in die Hände klatschen.

c)

1-4: Vier Schritte mit gebeugten Beinen seitwärts nach rechts; der letzte Schritt wird unbelastet angestellt (seit-an-seit-Tap); die Hände stützen auf den Oberschenkeln.

5-8: Wiederholung nach links.

d)

1-4: 1/4-Drehung rechts (Front zur Seite); drei Schritte vorwärts (re, li, re); Kick vorwärts mit dem linken Bein, dabei über die linke Schulter nach vorne schauen.

5-8: Drei Schritte rückwärts (li, re, li), 1/4-Drehung links (Front nach vorne) und das rechte Bein zur Schlußstellung heranziehen.

Teil C:

a)

1-8: 4x Drag mit rechts, 4x Drag mit links (vgl. Teil B).

b)

1-4: Zwei federnde Schritte vorwärts (re, li), zwei federnde Schritte rückwärts (re, li; vgl. Teil B).

5-6: Vier schnelle Federungen in der Schlußstellung (vgl. Teil B).

7-8: 1x auf die Oberschenkel, 1x in die Hände klatschen (vgl. Teil B).

c)

1-4: Schritt rechts seitwärts in die 2. Position; im Rhythmus des Textes „Roll, Roll, Roll, Like a Drumstick" die Hände an der rechten Körperseite ausschütteln; die Arme werden dabei allmählich von unten nach oben geführt (vgl. Abb. 43).

5-8: 4x den Oberkörper hin- und herdrehen und dabei abwechselnd an der rechten und linken Körperseite mit den Fingern schnipsen.

d)

1-4: Chassé nach rechts (seit-an-seit); Chassé nach links.

5-8: 4x „Rollerfahren" auf einer Kreislinie nach links; das heißt, daß die Drehung um das linke Bein erfolgt, während man sich vom rechten Fuß abstößt; am Ende zeigt die Front nach vorne.

Teil D:

a)

1-8: Drag mit rechts; Drag mit links (vgl. Teil B).

b)

1-4: Zwei federnde Schritte vorwärts (re, li); zwei federnde Schritte rückwärts (re, li; vgl. Teil B).

Abb. 43

5-6: Vier schnelle Federungen in der Schlußstellung (vgl. Teil B).
7-8: 1x auf die Oberschenkel, 1x in die Hände klatschen (vgl. Teil B).

c)

1-4: Im Rhythmus des Textes die Hände ausschütteln (vgl. Teil C).
5-8: Den Oberkörper hin- und herdrehen und dabei mit den Fingern schnipsen (vgl. Teil C).

d)

1-8: Mit hochgezogenen Knien, gestreckten Armen und abgewinkelten Handgelenken kreuz und quer durch den Raum laufen; am Ende zeigt die Front wieder nach vorne.

Teil E:

a)

1-8: 1/8-Drehung nach rechts; vier federnde Schritte in die rechte vordere Diagonale (re, li, re, li); 1/4-Drehung links; vier federnde Schritte in die linke vordere Diagonale (vgl. Teil A).

b)

1-4: 1/8-Drehung links (Front zur Seite, Blick nach vorne), Gewicht auf dem linken, gebeugten Bein; der rechte Fuß tippt 4x abwechselnd vor und hinter dem Körper auf den Boden.

5-8: Schritt rechts vorwärts, dabei den rechten Arm nach oben führen; 1/4-Drehung nach rechts; Schritt links seitwärts in die 2. Position (Front vorne), dabei den linken Arm ebenfalls zur Decke strecken (V-Stellung); auf „7" den rechten und auf „8" den linken Arm senken.

Schlußakkord: Einnehmen einer „Phantasieposition".

„Bad, Bad Lee Roy Brown" (Frank Sinatra)

Bei dieser Musik handelt es sich um einen Song, der sich in Strophen und Refrain gliedern läßt. Weiterhin gibt es nach zwei Strophen ein Zwischenspiel, das dem Vorspiel der Musik entspricht. Im nachfolgenden Teil wird dann der Refrain zweimal hintereinander gesungen; das Lied endet mit einem kleinen Nachsatz.

Bei der Gestaltung dieses Stückes habe ich mich am Aufbau des Songs orientiert. So gibt es für den Refrain eine immer wiederkehrende Bewegungsfolge, während die Strophen auf unterschiedliche Weise umgesetzt werden. Dadurch ergeben sich verschiedene Möglichkeiten:

- Man könnte die gesamte Choreographie mit einer Gruppe synchron tanzen.

- Zwei kleinere Gruppen übernehmen unterschiedliche Aufgaben. Eine tanzt die Strophen, die andere den Refrain oder setzt beim Refrain ein. Eine solche Lösung könnte sinnvoll sein, wenn das technische Können der Gruppenmitglieder variiert, so daß nicht alle in der Lage sind, die Bewegungsabläufe der Strophen umzusetzen. Wenn Sie diese Möglichkeit ausprobieren wollen, müssen Sie jedoch für die Aufstellung der Gruppen eine geeignete Lösung finden, damit es für alle genügend Platz zum Tanzen gibt. Hierbei können die Raumwege oder Übergänge der Gestaltung durchaus geändert werden.

- Jeweils eine Strophe und ein Refrain werden von einer Gruppe getanzt, dann setzt die nächste Gruppe ein. Der letzte Refrain kann dann von allen gemeinsam umgesetzt werden.

Die Bewegungen dieser Gestaltung sind recht einfach, denn es handelt sich fast ausschließlich um die Grundschritte des Jazztanzes. Die Schwierigkeit der Choreographie liegt eher im Bewegungstempo, das durch die Musikvorgabe recht hoch ist. Zudem gibt es einige rhythmische Wechsel. Es empfiehlt sich daher, die Bewegungen erst langsam zu üben und das Bewegungstempo allmählich zu steigern. Die einzelnen Abläufe könnten auch zu einer langsamen Musik im 4/4-Takt erarbeitet werden, zum Beispiel auf das Stück „You Sexy Thing" der Gruppe „Hot Chocolate".

Vorspiel: Die TänzerInnen befinden sich im Hockstand an der linken Seite der Tanzfläche, die Hände werden dabei vor dem Körper aufgestützt: Während der letzten 4 Zählzeiten richtet sich die Gruppe in den Stand auf. Gezählt wird hierbei in der schnellen Version, also im Grunde in der Verdoppelung des Beats.

Strophe 1:

a)

1-4: Vier-Schritt-Drehung nach rechts (re, li, re, Tap).

5-8: Vier Schritte vorwärts (li, re, li, re), dabei die Arme über die Seiten in die 5. Position heben.

b)

1-6: Wiegeschritt nach links/hinten (li, re); das linke Bein kreuzt vorne über das rechte; Wiegeschritt nach rechts/hinten (re, li); das rechte Bein neben das linke Bein in die Schlußstellung führen; die Arme werden dabei in die Seithalte geführt.

7-8: An der linken und rechten Körperseite mit den Fingern schnipsen, der Oberkörper dreht dabei mit, die Beine werden leicht gebeugt.

c)

1-4: Vier-Schritt-Drehung nach links (li, re, li, Tap).

5-8: Vier Schritte rückwärts (re, li, re, li); dabei die Arme über die Seite in die 5. Position führen.

d)

1-6: Wiederholung des Wiegeschritt-Motivs von oben; diesmal wird jedoch mit dem rechten Bein begonnen.

7-8: An der linken und rechten Körperseite mit den Fingern schnipsen, den Körper dabei mitdrehen und die Knie leicht beugen.

e)

1-4: 1/8-Drehung rechts in die rechte vordere Diagonale; vier Schritte vorwärts (re, li, re, li), dabei die Arme von unten über vorne in die 5. Position führen.

5-8: 1/4-Drehung links (Front in die vordere linke Diagonale); vier Schritte rückwärts (re, li, re li), dabei die Arme wieder nach unten führen.

f)

1-4: Vier Schritte vorwärts (re, li, re, li), dabei die Arme über vorne in die 5. Position führen.

5-8: 1/4-Drehung rechts (Front in die vordere rechte Diagonale); vier Schritte rückwärts, dabei die Arme wieder nach unten führen.

g)

1-4: 1/8-Drehung links (Front nach vorne); Schritt rechts seitwärts, Anstellen des linken Beines (Tap); Schritt links seitwärts, Anstellen des rechten Beines (Tap).

5-8: Schritt rechts vorwärts, flacher Kick seitwärts mit dem linken Bein; Schritt links vorwärts, flacher Kick mit dem rechten Bein.

h)

1-4: Wiederholung von 5-8; die Schritte werden allerdings rückwärts ausgeführt.

5-8: Das rechte Bein eingedreht mit dem Fußballen aufsetzen; das Gewicht wird auf beide Beine verteilt; Vor- und Rückbewegung des Brustkorbes über je 2 Zählzeiten.

Refrain 1:

a)

1-4: Flacher Sprung seitwärts auf das rechte Bein, das nur mit dem Vorderfuß den Boden berührt (Piqué); die Arme befinden sich in der 2. Position; der Oberkörper neigt sich leicht nach vorne; Kreuzschritt über vorne mit dem linken Bein; Wiederholung der beiden Bewegungen.

5-8: Vier-Schritt-Drehung nach rechts (re, li, re, Tap), auf „8" werden beide Arme in die 5. Position gehoben, die Hände fallen locker nach vorne.

b)

1-4: 4x Chassé nach links (seit-an-seit-an-seit-an-seit); die Arme werden während der Bewegung über die Seite nach unten geführt.

5-8: Schritt rechts vorwärts, Schritt links rückwärts, Schritt rechts rückwärts, Schritt links vorwärts; dabei das Becken weich mitdrehen.

c)

1-8: 1/8-Drehung rechts in die vordere rechte Diagonale; 4x Cat Step (re, li, re, li); die Arme werden locker mitgeschwungen.

d)

1-4: Kick-Ball-Change mit dem rechten Bein auf „1 und 2 und“, 1/8-Drehung links (Front vorne), Schritt rechts seitwärts, Heranstellen des linken Beines (Tap).

5-8: Aufsetzen der linken Fußspitze zur Seite, das Gewicht ruht auf dem gebeugten rechten Bein; der linke Arm wird in die 5. Position geführt, die Hand fällt locker nach vorne; die rechte Hand liegt von vorne an der rechten Hüfte. Halten der Position bis zum Ende des Taktes (vgl. Abb. 44).

Abb. 44

Strophe 2:

a)

1-8: Fallenlassen des linken Armes; 4x Schulterkreis rückwärts (li, re, li, re); dabei das Körpergewicht abwechselnd und parallel zur Schulterbewegung auf das linke und rechte Bein verlagern.

b)

1-8: Eindrehen des linken Beines zur 4. Jazzposition, das Gewicht ruht auf beiden Beinen; der Oberkörper wird nach rechts gedreht und in einer Wellenbewegung nach unten und zurück in die Senkrechte geführt, dabei hängen die Arme locker neben dem Körper.

c)

1-4: Verlagern des Gewichtes auf das rechte Bein; das linke Knie wird 2x zum rechten und wieder zurückgeführt; die Körperposition bleibt dabei unverändert; der Blick richtet sich nach vorne.

5-8: Zurückdrehen des linken Fußes zur 2. Position; Verlagern des Körpergewichtes erst nach links, dann nach rechts, dabei werden die Unterarme nacheinander um den Kopf geführt („Wash your hair").

d)

1-8: Square nach rechts (li kreuzt vor re, re rück, li seit , re Tap).

e)

1-8: 2x Triplet (beginnend mit re, beginnend mit li).

f)

1-4: Pas de Bourrée über hinten (re kreuzt rück, li seit, re vor); 1/2-Drehung nach links (Front zeigt nach hinten).

5-8: Schritt vorwärts mit dem linken Bein (Front hinten), Heranstellen des rechten Beines; Blick nach rechts über die Schulter.

g)

1-4: Schritt links seit, Heranstellen des rechten Beines; Schritt links seit, Tap mit dem rechten Bein; dabei das Becken von einer Seite zur andern schwingen (Latin Hip); der Kopf dreht in die Bewegungsrichtung.

5-8: Wiederholung von 1-4, jedoch gegengleich nach rechts.

h)

1-4: Wiederholung von g) 1-4.

5-8: Schritt rechts seitwärts mit gleichzeitiger 1/2-Drehung nach rechts (Front vorne); Ausfallschritt seitwärts nach links, das Gewicht liegt auf dem linken Bein; den Oberkörper nach links drehen und leicht zurücklegen; die Arme befinden sich in der 5. Position; die Handflächen zeigen nach außen; der Blick zeigt nach links (vgl. Abb. 45).

Refrain 2: Wiederholung der Bewegungsfolge für den Refrain (s.o.).

Zwischenspiel:

a)

1-4: Kleiner Sprung auf das linke Bein; der rechte Fuß „zeichnet“ von hinten nach vorne einen Halbkreis auf dem Boden (Rond de jambe); drei Schritte vorwärts (re, li, re) und sofortiger Absprung von rechts.

5-8: Wiederholung von 1-4.

b)

1-4: Wiederholung von a) 1-4.
Dieser Ablauf wird auf einem Kreisbogen nach links hinten ausgeführt; nach der letzten Wiederholung zeigt die Front wieder nach vorne.

5-8: Heranstellen des linken Beines an das rechte (Tap); dabei die Arme vor dem Körper kreuzen, über den Kopf führen und über die Seiten wieder senken; die Finger sind zur Jazzhand gespreizt.

1-16: Wiederholung aller Bewegungen des Zwischenspiels (a und b). Durch diese Bewegungsfolge sollten die TänzerInnen Raum nach hinten gewinnen, um für die nächsten Bewegungen genügend Platz zu haben.

Strophe 3:

a)

1-4: Zwei Schritte vorwärts (li, re); Turn-Step nach rechts (li, re; die Front zeigt nun nach hinten).

5-8: Wiederholung von 1-4; am Ende zeigt die Front wieder nach vorne.

b)

1-6: Zwei Triplets (beginnend mit li, beginnend mit re).

7-8: Schritt links vorwärts; Schritt rechts seitwärts zur 2. Position.

c)

1-4: Eindrehen des linken Beines auf dem Fußballen; der Oberkörper dreht nach rechts, der Brustkorb wird insgesamt 4x vor- und zurückbewegt; während der letzten Bewegung erfolgt eine Drehung nach links zurück in die 2. Position (Front vorne).

5-8: Wiederholung von 1-4 gegengleich; die Front zeigt also nach links.

d)

1-4: Vier Schritte rückwärts (re, li, re, li), dabei schwingt der Kopf über unten von einer Seite zur anderen; die Arme können die Schwungbewegung unterstützen.

5-8: Schritt rechts seitwärts, Schritt links seitwärts; dabei betont die Füße vom Ballen zur Ferse abrollen; Kopf und Oberkörper drehen zuerst nach rechts, dann nach links.

e)

1-4: Drei Schritte vorwärts (re, li, re); beim letzten Schritt erfolgt ein Abdruck zu einem flachen Galoppsprung; dabei wird nach der Landung auf links das rechte Bein seitwärts in die 2. Position geführt.

5-8: Brustkorbisolation nach rechts und nach links, der Kopf folgt der Bewegungsrichtung des Brustkorbes.

f)

1-4: Vier kleine Schritte seitwärts nach rechts (seit, kreuzen, seit, Tap).

5-8: Vier-Schritt-Drehung nach links (li, re, li, Tap).

g)

1-8: Vier große Schritte rückwärts (re, li, re, li); dabei werden die Schritte in die jeweilige hintere Diagonale gesetzt; das Spielbein schleift über den Boden zum Standbein.

h)

1-4: Absprung von beiden Beinen zum Sissonne nach rechts; Landung auf rechts; Fallenlassen in den Hockstand.

Abb. 45

5-8: Halten der Position auf „5“ und „6“; Aufrichten in die 1. Position parallel; dabei wird das rechte Bein unbelastet auf den Fußballen gestellt; die Arme werden in die 5. Position geführt; die Handflächen zeigen nach vorne (Jazzhand) und der Blick geht nach oben.

Refrain 3:
Wiederholung des Bewegungsablaufes für den Refrain.

Refrain 4:
Hier kann der Bewegungsablauf nochmals getanzt oder durch folgende Variation ersetzt werden:

a)
1-4: Drehung in die 4. Jazzposition nach rechts; der linke Arm befindet sich vor dem Körper; die Fingerspitzen zeigen zur Decke; der rechte Arm hängt locker neben dem Körper; Wiederholung der Bewegung gegengleich nach links.
5-8: Wiederholung von 1-4.

b)
1-4: Drei Schritte vorwärts in die vordere rechte Diagonale (re, li, re) mit sofortigem Absprung von rechts zum Hop; das Spielbein befindet sich hinter dem Körper.
5-8: Hop auf links in die linke Diagonale; Hop auf rechts in die rechte Diagonale.

c)
1-4: Schritt links seitwärts in die 2. Position (Front vorne); Eindrehen des rechten Beines zur 4. Jazzposition; Contraction in der Körpermitte; dabei werden die Arme langsam von unten nach vorne geführt.
5-8: 4x das Becken vor- und rückbewegen; dabei hängen die Arme locker neben dem Körper.

d)
1-4: Vier-Schritt-Drehung nach rechts (re, li, re, Tap).
5-8: Ausfallschritt links seitwärts; das Gewicht ruht auf dem linken Bein; der Oberkörper dreht nach links und wird leicht zurückgelegt; die

Arme befinden sich in der 5. Position; die Handflächen zeigen nach außen (vgl. Abb. 45); Halten der Position bis zum Ende der Phase.

Nachspiel:

a)

1-8: Wiederholung von Phase a) der oben beschriebenen Variation für den Refrain.

b)

1-4: Mit drei Schritten in die hintere Diagonale „weglaufen" (re, li, re); Verharren auf dem letzten Schritt bis zum Ende der Phase.

5-8: Mit drei Schritten (li, re, li) nach vorne „zurücklaufen" in die 4. Jazzposition nach links (s.o.); auf dem letzen Akkord des Stückes werden die Hände wieder in die 5. Position gehoben.

„Ode to Don Jose“ (Art of Noise)

Ich möchte mit der Beschreibung dieser Choreographie ein Beispiel für eine Gestaltung geben, die sowohl aus **festgelegten Abläufen** als auch aus **Improvisationsphasen** besteht. Bei diesen Phasen arbeite ich mit Bildern und Assoziationen, die die Improvisation strukturieren sollen. Wenn Ihnen diese Bilder nicht zusagen, können sie durchaus durch andere, für Sie passende Vorstellungen ersetzt werden. Ich habe mich bei den Bildern von dem für mich geheimnisvollen Charakter der Musik inspirieren lassen. Wenn Sie die Musik anders empfinden, werden Sie auch zu anderen Vorstellungen gelangen.

Die Gestaltung gliedert sich in folgende Abschnitte:
Teil I: Bewegungsablauf
Teil II: „Magnet“
Teil III: „Wasserpflanze“
Teil IV: Bewegungsablauf

Die Übergänge der Teile II-IV werden durch einen musikalischen Wechsel vorgegeben; dabei ist es für den Aufbau der Gestaltung nicht notwendig, direkt auf den ersten Takt des neuen Teiles mit der Bewegung einzusetzen. Deshalb verzichte ich auf die Angabe neuer Taktzahlen. Obwohl sich die Musik mehrfach ändert und sogar ein Taktwechsel enthalten ist, beziehen sich die Zählzeiten auf den Beat zu Beginn der Musik. Um es einfach zu machen, wird also „durchgezählt“:

Teil I: Bewegungsablauf

1-8: Vorspiel; Front nach vorne; Schlußstellung (1. Position parallel).

a)
1-4: Vier große Schritte vorwärts (re, li, re, li); 1/4-Drehung links.
5-8: Vier große Schritte vorwärts (re, li, re, li); 1/4-Drehung links.

b)
1-8: Wiederholung von a); das Raummuster entspricht dann einem Carré.

c)
1-4: Vier große Schritte vorwärts (re, li, re, Tap).
5-8: Vier große Schritte rückwärts (li, re, li, Tap).

d)

1-8: Herausstellen des rechten Beines zur Seite in die 2. Position ausgerollt; die Handflächen werden vor der Brust aneinandergelegt (die Ellbogen zeigen nach außen) und über den Kopf geführt. Dabei erfolgt ein Demi-Plié; der Blick geht nach unten; Öffnen der Arme und Herabführen über die Seiten; Streckung der Knie und Anheben des Kopfes.

e)

1-8: Vorbeugen des Oberkörpers in die Waagrechte; die Arme werden nach vorne gestreckt; Verlagerung des Gewichts zuerst auf das linke, dann auf das rechte und wieder zurück auf das linke Bein; die Hände führen dabei eine Schüttelbewegung aus.

f)

1-4: Erneute Verlagerung des Gewichts auf rechts; das linke Bein kreuzt hinter dem rechten; das rechte Knie wird so weit gebeugt, daß beide Hände auf den Boden gesetzt werden können; die linke Hüfte berührt den Boden; Blick nach vorne.

5-8: 1/4-Drehung rechts in die Rückenlage; das rechte Bein wird aufgestellt und das Becken löst sich vom Boden; die linke Fußspitze befindet sich am rechten Knie; die Hände sind zur Jazzhand geöffnet und zur Decke gestreckt (vgl. Abb. 46).

Abb. 46

g)

1-4: Weiterdrehen nach rechts zum Fersensitz (Front nach links).

5-8: Contraction in der Körpermitte und Anheben des Beckens in den Kniestand; die Arme werden dabei über hinten nach oben geführt.

h)

1-4: Aufstützen der Hände und Sprung in den Hockstand; aufrichten.

5-6: Zwei Schritte vorwärts (re, li; Front nach links).

7-8: Schritt rechts vorwärts; der linke Fußballen bleibt am Boden; beide Knie werden gebeugt; der linke Arm befindet sich vor, der rechte gebeugte Arm neben dem Körper; dabei zeigt der Ellbogen nach hinten und die rechte Hand liegt auf der Schulter; leichte Rückenlage und Blick nach vorne (vgl. Abb. 47).

Abb. 47

i)

1-6: 1/4-Drehung rechts (Front nach vorne); drei langsame Balltwist (li, re, li); dabei drehen Kopf und Arme gegen die Beinbewegung.

7-8: Herausstellen des rechten Beines nach rechts in die 4. Jazzposition; hierbei dreht auch der Oberkörper nach rechts; der linke Arm befindet sich vor dem Körper, der rechte wird in Seithalte geführt; Vorneigung des Oberkörpers und Blick zu Boden (vgl. Abb. 48).

Abb. 48

j)

1-32: Auf 4x8 Zählzeiten geradlinig durch den Raum gehen; die Richtungswechsel erfolgen durch 1/2-, 1/4- oder 1/8-Drehungen in beliebigem Zeitmaß.

Teil II: „Magnet“

An dieser Stelle verändert die Musik ihren Charakter; sie wird dissonanter und „chaotisch“. Stellen Sie sich vor, daß sich in der Mitte des Raumes ein Magnet befindet, der Sie anzieht. Sie wehren sich jedoch mit aller Kraft gegen diese Anziehung. Hierbei können Sie sich auf verschiedenen „Levels“, also Ebenen, bewegen. Beziehen Sie also auch den Boden in Ihr Tanzen ein.

Schließlich siegt der Magnet und Sie beziehungsweise die Gruppe befinden sich in der Raummitte am Boden, wo Sie sich langsam weiterbewegen.

Es folgt wiederum eine deutliche musikalische Veränderung, nämlich ein Wechsel zum 3/4-Takt. Bewegen Sie sich dabei langsam vom Boden zum Stand und versuchen Sie, die Akzente der Musik durch Impulse verschiedener Körperteile zu verdeutlichen. Sie können beispielsweise eine Schulter kreisen lassen, den Kopf zur Seite wenden, den Ellbogen in die Luft stoßen, das Becken verschieben usw.

Teil III: „Wasserpflanze“

Die Musik kehrt zum 4/4-Takt und zu weichen Melodiebögen zurück. Aus den akzentuierten Bewegungen werden nun weiche, fließende. Hierbei kann die Vorstellung einer Wasserpflanze helfen, die von der Strömung sanft hin- und hergetrieben wird.

Teil IV: Bewegungsablauf

Aus dem Bild der „Wasserpflanze“ ergibt sich allmählich ein Bewegungsmotiv, das immer wiederholt werden kann. Wenn die Choreographie von einer Gruppe ausgeführt wird, setzen die TänzerInnen nacheinander mit diesem Motiv ein, bis sich schließlich die ganze Gruppe synchron bewegt (dieses Motiv könnte auch von der Gruppe aus der Improvisation entwickelt werden!). Der Einsatz zum Motiv sollte jedoch auf „1“, parallel zum musikalischen Bogen erfolgen.

a)

1-4: Schritt rechts seitwärts, das linke Bein wird hinter dem rechten mit dem Fußballen aufgesetzt; beide Arme werden in die Waagerechte gehoben, die Handflächen zeigen zueinander; die Finger sind gespreizt und der Oberkörper wird leicht nach vorne geneigt (vgl. Abb. 49).

5-8: Vier-Schritt-Drehung nach links (li, re, li, Tap).

Abb. 49

b)

1-4: 1/8-Drehung rechts in die Diagonale; Schritt rechts vorwärts zur Schrittstellung mit „relevé“ (Ballenstand); dabei werden die Arme in die V-Stellung gehoben. Fallenlassen von Armen und Kopf; das Gewicht wird auf das rechte Bein übertragen und beide Knie werden gebeugt („drop“).

5-8: Zwei langsame Schritte rückwärts (li, re, Front in der Diagonalen); dabei werden beide Arme diagonal nach oben gehoben; beim Schritt links schiebt sich die rechte Schulter, beim Schritt rechts die linke nach vorne; der Oberkörper befindet sich in leichter Rückenlage (vgl. Abb. 50).
„Und“: Auftaktschritt links mit einer 1/8-Drehung links (Front nach vorne).

Abb. 50

Schlußteil:
Aus dem Motiv langsam in die Seitlage gleiten und die Bewegung „ausklingen“ lassen...

„Unsquare Dance" (Dave Brubeck)

Diese berühmte Komposition von Dave Brubeck kann als rhythmische Herausforderung für jeden Tänzer und jede Tänzerin betrachtet werden, denn es ist ein Stück in dem für uns ungewöhnlichen 7/8- oder 7/4-Takt. Diese Taktart kommt beispielsweise in der osteuropäischen Folklore häufig vor, doch in unserem Kulturkreis sind wir an einen 4/4- oder 3/4-Takt gewöhnt. Der 7/8-Takt vereint nun beide Taktarten miteinander. Er besteht nämlich aus einem „Dreier" und zwei „Zweiern" und wird dementsprechend ausgezählt:
„1, 2 – 1, 2 – 1, 2, 3" oder „1, 2 – 1, 2, 3 – 1, 2" beziehungsweise „1, 2, 3 - 1, 2 – 1, 2".

In Dave Brubecks „Unsquare Dance" steht die erste Zählweise im Vordergrund. Das heißt, daß erst die beiden Zweier und dann der Dreier gespielt werden. Man kann somit das rhythmische Muster auch mit „kurz-kurz-lang" ausdrücken, wobei die lange Phase nicht vier, wie im 4/4-Takt, sondern nur drei Zählzeiten besitzt. (Der Name „Unsquare Dance" läßt sich vom amerikanischen „Square Dance" ableiten, der nämlich im 4/4-Takt geschrieben ist. Dave Brubecks Stück ist eben „unsquare"....)

Es gibt sicherlich viele Möglichkeiten, diese Musik umzusetzen. Ich möchte an dieser Stelle eine einfache Version vorstellen, obwohl dieses Stück auch zu einer komplexen Choreographie auffordern kann.

Der Aufbau des „Unsquare Dance" läßt sich im Hinblick auf die hier beschriebene Choreographie folgendermaßen beschreiben:

Jeweils sechs Takte bilden zusammen einen musikalischen Bogen, insgesamt besteht die Musik aus elf Bögen. Jeder Bogen ist jedoch anders gestaltet. Zunächst steht der Rhythmus des 7/8-Taktes im Vordergrund, er wird durch den Baß wiedergegeben. Das heißt, daß der Baß jeweils die „1" der beiden Zweier und des Dreiers spielt, so daß pro Takt drei Töne zu hören sind. Viele der unten angegebenen Motive nutzen diese drei Töne als Anhaltspunkt.

Dann setzt das Klavier mit verschiedenen Akzenten jeweils auf der „1" ein; als nächstes folgen sechs Takte, bei denen ein Klatschrhythmus die Akzente des Baß ergänzt.

Daraufhin sind sechs Melodiebögen zu hören, bei denen zwei Rhythmusgruppen eine Art Dialog führen; jede Gruppe spielt wiederum sechs Takte, bevor die andere einsetzt.

Den Abschluß bilden 2x sechs Takte, in denen das Klavier die Führung übernimmt, gefolgt von einem kleinen Schlußteil.

Ich möchte mich bei der Gestaltung an diesem Aufbau orientieren und aus der Musik die **Aufteilung in zwei Gruppen** übernehmen. Das heißt, daß manche Motive von der gesamten Gruppe, andere wiederum nur von einem Teil getanzt werden. Hier bestünde auch die Möglichkeit, zwischen Gruppen- und Einzeltanz zu unterscheiden. So könnte ein Grundmotiv für die Gruppe durchlaufen, während einzelne TänzerInnen ein Solo tanzen. Die hier beschriebene Choreographie geht allerdings von **zwei Kleingruppen** aus, die verschiedene Bewegungsmotive gegeneinandersetzen.

Bei dieser Gestaltung stehen somit, anders als bei den vorangegangenen, Bewegungsmotive im Vordergrund, mit denen der 7/8-Takt umgesetzt werden soll. Bislang waren es eher Bewegungssequenzen. Ein Motiv ist normalerweise kürzer als eine Sequenz und wird mehrmals wiederholt. Für mich bietet sich diese Gestaltungsform beim „Unsquare Dance" an, weil ja die Musik auch mit musikalisch-rhythmischen Motiven arbeitet, die über jeweils sechs Takte wiederholt werden. Dennoch könnte man auch bei diesem Stück mit Bewegungsabläufen arbeiten.

Ich möchte im folgenden verschiedene Motive beschreiben, die Sie anregen sollen, eigene zu entwickeln. Hierbei kann ein Motiv immer über sechs Takte wiederholt werden, doch wäre es auch interessant, sozusagen „gegen" den musikalischen Bogen zu arbeiten und die Bewegungen innerhalb dieses Bogens zu verändern. Ich gehe, wie bereits erwähnt, bei dieser Choreographie von einer Gruppe aus, die an verschiedenen Stellen in zwei Gruppen aufgeteilt wird. Man könnte hier sogar mit drei Gruppen arbeiten, wobei die dritte eine Art „Hintergrundmotiv" tanzt, das auf einfache Art den Rhythmus des Stückes wiedergibt. Man nennt solche Motive, wie auch in der Musik, ein „Ostinato". Dieses Ostinato kann während der gesamten Choreographie durchlaufen und dabei von immer anderen TänzerInnen übernommen werden. Das erste Motiv, das ich unten beschreibe, wäre ein Beispiel für ein solches Ostinato.

Ich möchte folgende Bewegungsmotive vorschlagen:

(Die TänzerInnen stehen in einer freien Aufstellung möglichst dicht beieinander in der hinteren Mitte des Raumes. Bei der Teilung der Gruppe bilden die TänzerInnen, die auf der rechten Seite stehen, die Gruppe I. Je nach Raumgröße, die Ihnen zur Verfügung steht, müssen die Schritte mal mehr am Platz oder auch mehr in der Fortbewegung getanzt werden.)

A:

Takte 1-6:
Verlagerung des Körpergewichtes in der 2. Position von einer Seite zur anderen im Rhythmus des Baß, also auf die jeweilige „1“ der Zweier- und Dreiereinheiten („kurz-kurz-lang“ = re, li, re bzw. li, re, li), die Bewegung beginnt zur rechten Seite. Hierdurch ergibt sich bei jedem Takt ein Wechsel des Akzentes; einmal liegt er auf dem linken, beim nächsten Mal auf dem rechten Bein. Während der sechs Takte wird die Bewegung gesteigert, indem nacheinander zuerst das Becken, dann Brustkorb, Schultern und Kopf seitlich hin- und herbewegt werden.
Dieses Motiv wird von der gesamten Gruppe getanzt.

B:

Takte 1-6:
Auf die Klavierakkorde, die immer auf der ersten Zählzeit jedes Taktes liegen, werden verschiedene „Phantasiepositionen“ eingenommen. Hierbei soll besonders auf deutliche räumliche Wechsel geachtet werden. Das heißt, daß die Positionen auf verschiedenen Ebenen (hoch/tief) und zu verschiedenen Seiten (re-li; vorne/hinten) eingenommen werden. Die Reihenfolge der Bewegungen kann entweder als Improvisation bestehen bleiben oder als bestimmte Folge festgelegt werden.
Diese Takte werden wiederum von der gesamten Gruppe umgesetzt.

Variation
Immer zwei Akkorde werden von nur einigen TänzerInnen umgesetzt, während die anderen das Motiv aus Teil A nur als Gewichtsverlagerung ohne Einsatz anderer Bewegungszentren tanzen. Bei sechs Takten müssen

die Gruppen also zweimal wechseln. Hierbei könnten die Positionen innerhalb der Kleingruppen festgelegt und synchron getanzt werden, um zu einem klareren Gesamtbild zu gelangen.

C:

Takte 1 und 2:
Schritt rechts diagonal vorwärts; Heranstellen des linken Beines; Ausfallschritt rechts seitwärts; dabei dreht der Oberkörper nach rechts und wird leicht zurückgelegt; die Arme werden in die 5. Position gehoben, die Handflächen zeigen nach außen (vgl. Abb. 45); Jeder Schritt wird auf einen Akzent des Baß gesetzt. Wiederholung der Bewegungen gegengleich nach links.

Takte 3 und 4:
1/2-Drehung nach rechts zur 4. Jazzposition (Front zeigt nach re); die linke Ferse wird dabei angehoben und das Gewicht ruht auf beiden Beinen; Fallenlassen der Arme und langsame Oberkörperwelle über zwei Takte.

Takt 5:
1/4-Drehung nach links (Front vorne); Schritt links seitwärts; Kreuzschritt rechts über vorne; Ausfallschritt links seitwärts; hierbei wird der Brustkorb nach links verschoben.

Takt 6:
Ganze Drehung nach rechts mit drei Schritten (re, li, re); der letzte Schritt rechts führt wieder in einen Ausfallschritt.

Diese Folge wird nur von einem Teil der Gruppe (Gruppe I) getanzt. Die anderen TänzerInnen (Gruppe II) wiederholen das Motiv aus Teil A, allerdings mit folgender Variation

Takte 1 und 2:
Gewichtsverlagerungen seitwärts (re, li, re; li, re, li).

Takte 3 und 4:
1/2-Drehung nach links, so daß die Front nach hinten zeigt; zweimalige Wiederholung des Motives (re, li, re; li, re, li).

Takt 5:
Wiederholung des Motives nach rechts mit 1/2-Drehung nach links bei der Gewichtsverlagerung auf das linke Bein (re, li-Drehung - re; die Front zeigt dann wieder nach vorne).

Takt 6:
Wiederholung des Motives nach links (li, re, li).

D:

Takte 1-4:
Zwei Schritte vorwärts (re, li); es folgt ein schnelles Chassé auf die Zählzeiten „5, 6, 7“ des Taktes (re, li, re); die Arme schwingen parallel nach rechts; Wiederholung des Motives gegengleich; diese Schritte werden insgesamt viermal auf einem Kreisbogen linksherum ausgeführt; dabei kommt es zu einem ständigen Beinwechsel, so daß das Motiv einmal mit rechts und beim nächsten Mal mit links begonnen wird; am Ende des 4. Taktes zeigt die Front wieder nach vorne.

Takt 5:
Zwei Schritte vorwärts (re, li); das anschließende Chassé rechts wird nach vorne angesetzt (vor-an-vor).

Takt 6:
Ganze Drehung nach links mit drei Schritten (li, re, li); der letzte Schritt mit dem linken Bein führt in einen Ausfallschritt seitwärts.

Diese Motivfolge wird von der Gruppe II getanzt. Gruppe I führt während dieser Phase folgende Bewegungen aus:

Takt 1:
Gewichtsverlagerung seitwärts auf das linke Bein; der Blick geht über die Schulter nach links.

Takt 2:
Drehen des Kopfes nach rechts.

Takt 3:
Gewichtsverlagerung seitwärts auf das rechte Bein; der Blick zeigt weiterhin nach rechts.

Takt 4:
Drehung des Kopfes nach links.

Takt 5:
Gewichtsverlagerung seitwärts nach links, Gewichtsverlagerung seitwärts nach rechts auf die Zählzeiten „5, 6, 7"; der Kopf folgt der Bewegungsrichtung.

Takt 6:
Drehung nach links mit drei Schritten (li, re, li); der letzte Schritt mit dem linken Bein führt wieder in einen Ausfallschritt seitwärts. Diese Bewegung erfolgt synchron mit der anderen Gruppe.

E:

Takte 1 und 2:
Drei Schritte vorwärts auf die Akzente des Baß (re, li, re = Takt 1); drei Schritte rückwärts auf die Akzente des Baß (li, re, li = Takt 2); bei den Schritten wird abwechselnd die linke und rechte Schulter nach vorne geschoben, die Arme befinden sich in der 2. Position; beim letzten Schritt erfolgt eine 1/4-Drehung nach links.

Takte 3 und 4:
Wiederholung der Bewegung von oben; die Front zeigt dabei nach links; am Ende des 4. Taktes wird wiederum eine 1/4-Drehung nach links ausgeführt.

Takt 5:
Drei Schritte vorwärts (re, li, re; Front nach hinten).

Takt 6:
Schritt links rückwärts, 1/2-Drehung rechts (Front vorne); Schritt rechts vorwärts; Schritt links seitwärts in die 2. Position.

Dieses Motiv wird von Gruppe I ausgeführt; Gruppe II verharrt während dieser Phase im Ausfallschritt nach links; der Blick geht nach rechts zur Gruppe I.

F:

Takte 1-4:
3x Drag mit dem rechten Bein; 3x Drag mit dem linken Bein; diese Folge wird noch einmal wiederholt; der Akzent der Bewegung liegt auf dem Anheben der Knie.

Takte 5 und 6:
Eindrehen des rechten Beines zur 4. Jazzposition; der Oberkörper dreht nach links; langsame Körperwelle über zwei Takte.

Dieses Motiv wird von Gruppe II getanzt; Gruppe I verharrt während dieser Phase in der 2. Position; der Blick geht nach links zur Gruppe II.

G:

Takte 1-4:
4x Pas de Bourrée über hinten mit Schließen der Beine, dabei wird abwechselnd mit dem rechten und dem linken Bein begonnen.

Takt 5:
Aus dem Schwung des letzten Pas de Bourrée eine ganze Drehung nach links ansetzen, die auf flachem Fuß mit mehreren kleinen Schritten durchgeführt wird; dabei neigt sich der Oberkörper nach vorne/unten; der Blick geht zu Boden.

Takt 6:
Aus der Drehung die 4. Jazzposition nach rechts einnehmen (Front nach rechts); 3x den Brustkorb nacheinander vor- und zurückbewegen.

Dieser Ablauf wird von Gruppe II getanzt; Gruppe I wiederholt in dieser Phase das Motiv der zweiten Gruppe aus der vorangegangenen Phase F. Hierbei werden die letzten beiden Takte jedoch variiert.

Takte 1-4:
Jeweils 3x Drag abwechselnd mit dem rechten und linken Bein (s.o.).

Takt 5:
Langsames Eindrehen des linken Beines zur 4. Jazzposition, der Oberkörper dreht nach rechts.

Takt 6:
3x den Oberkörper nacheinander vor- und rückbewegen; diese Bewegung erfolgt synchron mit Gruppe II.

H:

Takte 1-3:
1/4-Drehung links in die zweite Position; abwechselnd den rechten und linken Fuß abrollen, die Arme in die 5. Position heben und parallel zur Beinbewegung nacheinander die rechte und linke Schulter vorschieben (re, li, re; li, re, li; re, li, re; vgl. Abb. 4).

Takte 4 und 5:
Weiterführen der Beinbewegung, dabei wird der Oberkörper nach vorne/unten geneigt und die Handflächen drücken im Rhythmus der Beine in Richtung Boden (li, re, li; re, li, re).

Takt 6:
Wiederholung von Takt 2 (li, re, li).

Dieses Motiv wird entweder von beiden Gruppen synchron ausgeführt oder sie bewegen sich gegengleich. In diesem Fall muß eine Gruppe mit der Tiefbewegung beginnen. Mit diesem Motiv sollte die Gruppe Raum nach hinten gewinnen.

I:

Takte 1-6:
Wiederholung des Kreismotives von Phase D. Dieses Mal wird das Motiv von der ganzen Gruppe ausgeführt.

J:
In dieser Phase setzt das Klavier wieder ein und beide Gruppen tanzen die folgenden Abläufe gemeinsam:

Takt 1:
Schritt rechts seitwärts; Kreuzschritt links über vorne; schnelles Chassé nach rechts; der Oberkörper wird nach vorne geneigt und die Arme schwingen parallel vor dem Körper hin und her; sie werden beim Chassé an der rechten Seite gehalten.

Takt 2:
Wiederholung von Takt 1 gegengleich nach links.

Takt 3:
Ganze Drehung mit drei Schritten nach rechts; das linke Bein wird schnell zum rechten geführt und unbelastet mit dem Fußballen aufgesetzt; beide Arme befinden sich in der 5. Position, die Handgelenke fallen locker nach vorne.

Takt 4:
Drei kleine Schlußsprünge im Plié und mit vorgebeugtem Oberkörper nach hinten; dabei werden die Arme langsam vor dem Körper nach unten geführt.

Takt 5:
Schritt rechts seitwärts, Anstellschritt mit dem linken Bein; Ausfallschritt seitwärts nach rechts; der Oberkörper dreht nach rechts und wird leicht zurückgenommen; die Arme befinden sich in der 5. Position; die Handflächen zeigen nach außen; der Blick ist nach rechts gerichtet (vgl. C).

Takt 6:
Wiederholung von Takt 5 gegengleich nach links.

K:

Takte 1-4:
Wiederholung von Phase J.

Schlußteil: Kleiner Sprung in die 2. Position; die Arme werden in die 5. Position gehoben; die Handflächen zeigen nach vorne; die Finger sind zur Jazzhand gespreizt; die Arme werden langsam über die Seiten nach unten geführt; bei den beiden letzten Akkorden der Musik wird das Becken erst nach links, dann nach rechts verschoben; der Blick ist am Ende nach rechts gerichtet.

Anhang

Musikvorschläge

Die Auswahl von Musik zum Tanzen oder für den Unterricht hängt immer sehr stark vom persönlichen Geschmack ab, der sich übrigens im Laufe der Zeit auch verändert. Deshalb kann es möglich sein, daß Ihnen meine Musikvorschläge nicht zusagen oder einfach nicht „liegen". Finden Sie in diesem Moment heraus, welche Richtung sich für Sie besser eignet.

Zum Jazztanz gehört natürlich Jazzmusik. Diese kann jedoch aufgrund ihrer Komplexität für AnfängerInnen weniger geeignet sein, so daß es sinnvoll erscheint, auf einfachere Melodien zurückzugreifen. Auch Stücke aus dem Soul- und Popbereich lassen sich ohne weiteres „vertanzen". Wichtig ist in meinen Augen eine lebendige rhythmische Struktur des Stückes, die die TänzerInnen inspiriert. Gleichbleibende, dominante Rhythmen führen häufig zu gleichförmigen Bewegungen. Deshalb versuche ich im allgemeinen, solche Musiken zu vermeiden. Es kann aber auch eine Herausforderung bedeuten, als Kontrast zu eintönigen Rhythmen abwechslungsreiche Bewegungsrhythmen zu finden.

Im folgenden möchte ich einige Titel angeben, die ich im Jazztanzunterricht verwende.

Sade Adu:	„Diamond Life"
Al Jarreau:	„High Crime"
Al Jarreau:	„L Is For Lover"
Art of Noise:	„In No Sense? Nonsense!"
George Benson:	„The George Benson Collection"
George Benson:	„In Flight"
Matt Bianco:	„Whose Side Are You On?"
Dave Brubeck:	„Take..." (The Greatest Hits)
Curt Cress:	„Avanti"
Miles Davis:	„The Collection"
Dead Can Dance:	„Aion"

Candy Dulfer:	„Saxuality“
Earth, Wind and Fire:	„Best of Earth, Wind and Fire“
Earth, Wind and Fire:	„Raise“
Father, Father:	„We Are All So Very Happy“
Peter Herbolzheimer:	„Fat Man Boogie“
Hot Chocolate:	„2001“
Keith Jarrett:	„Standards, Vol. I“
Qincy Jones:	„The Best“
Toure Kunda:	„Toure Kunda Live“
Cindy Lauper:	„She's So Unusual“
Pat Metheny Group:	„Offramp“
Bette Midler:	„Music From The Motion Picture 'For The Boys'“
Prince:	„Secret Gig“
Prince:	„Controversy“
Simply Red:	„Stars“
Gabriele Roth and The Mirrors:	„Bones“
Shakatak:	„The Coolest Cuts“
Frank Sinatra:	„New York, New York“
Paul Simon:	„Graceland“
Soundtrack:	„Blues Brothers“
Soundtrack:	„Cotton Club“
Soundtrack:	„Mo'Better Blues“
Soundtrack:	„Rain Man“
John Surman:	„Private City“
US 3:	„Hand on the Torch“
Jürgen Waidele:	„It's All in Your Head“
Was (Not Was):	„Hello Dad...I'm In Jail“
Tom Waits:	„Asylum Years“
Tom Waits:	„Rain Dogs“
The Weather Girls:	„Success“
George Winston:	„December“
Stevie Wonder:	„Music From The Movie 'Jungle Fever'“

Literaturhinweise

ARTUS, H.-G. (Hg): Gestaltung in Tanz und Gymnastik. Handeln im Sport, Band 4. Bremen 1988.

BANNMÜLLER, E./Röthig, P.: Grundlagen und Perspektiven ästhetischer und rhythmischer Bewegungserziehung. Stuttgart 1990.

BENTLEY, T.: Tanzen ist beinahe alles. Selbstportrait einer Tänzerin des New York City Balletts. Reinbek 1983.

COHAN, R.: Dance Workshop. Ravensburg 1986.

FRITSCH, U. (Hg): Tanzen. Reinbek 1985.

GÜNTHER, H.: Jazzdance. Geschichte, Theorie, Praxis. Berlin 1980.

GÜNTHER, H.: Die Tänze und Riten der Afro-Amerikaner. Bonn 1982.

HASELBACH, B.: Tanz und Bildende Kunst. Modelle zur Ästhetischen Erziehung. Stuttgart 1991.

KLEIN, G.: FrauenKörperTanz. Eine Zivilisationsgeschichte des Tanzes. Weinheim, Berlin 1992.

ROSENBERG, C.: Handbuch für Gymnastik und Tanz. Aachen 1993.

TRAGUTH, F.: Modern Jazz Dance (Band 1). Wilhelmshaven 1992.

TRAGUTH, F.: Modern Jazz Dance (Band 2). Wilhelmshaven 1987.

ZIMMER, R.: Spielideen im Jazztanz. Schorndorf 1984.

Positionen, die im Jazztanz häufig vorkommen

Grundstellung:
Es handelt sich um ein entspanntes und gleichzeitig bewegungsbereites Stehen. Die Beine sind etwa hüftbreit geöffnet, die Knie werden leicht gebeugt.

1. Position parallel:
   Die Beine sind geschlossen, die Knie zeigen geradeaus (vgl. Abb. 51).

1. Position ausgerollt:
   Die geschlossenen Beine werden im Hüftgelenk auswärts gedreht, so daß Fußspitzen und Knie zur Seite zeigen (vgl. Abb. 51).
2. Position parallel:

Abb. 51

Die Beine werden hüftbreit geöffnet. Füße und Knie zeigen geradeaus (vgl. Abb. 52).

2. Position ausgerollt:
Die Beine werden hüftbreit geöffnet und ausgerollt, so daß Fußspitzen und Knie zur Seite zeigen (vgl. Abb. 52).

4. Jazzposition:
Aus der 2. Position ausgerollt wird ein Bein auf dem Fußballen einwärts gedreht. Hierbei werden die Knie zum Demi-Plié gebeugt, das Körpergewicht ruht auf beiden Beinen (vgl. Abb. 53).

2. Armposition:

Abb. 52

Abb. 53

Die Arme befinden sich in der Seithalte (vgl. Abb. 51).

5. Armposition:
   Die Arme befinden sich über dem Kopf in „V-Stellung" (vgl. Abb. 52).

1. Bodenposition:
   Die geschlossenen Beine werden im Sitzen parallel oder ausgerollt nach vorne gestreckt (Langsitz).

2. Bodenposition:
   Die Beine werden im Sitzen zur Grätsche geöffnet (Grätschsitz).

4. Bodenposition:
   Beide Beine werden gebeugt. Ein Unterschenkel liegt vor dem Rumpf, der zweite liegt seitlich neben dem Körper. Das Gewicht ruht gleichmäßig auf beiden Hüften.

Glossar

Ball Twist 58
Beat 34, 118, 125, 131, 140

Cat Step ....57 f, 60, 73, 132
Chassé ....57 ff, 73 f, 80 f, 127, 132, 151, 155
Contraction ....16, 47, 76, 80 f, 89 ff, 104 ff, 120, 122, 138, 142

Drag ....60, 126 f, 153 f

Flex ....90, 93 f, 98 f, 108
Froschsitz (Frogsit) ....89 f, 98 f

Galopp ....23, 63 f, 79, 136
Grand Battement 96, 98, 111
Grand Jeté 64

Hop 21, 59, 64, 66, 70, 82, 125, 138

Improvisation ....19, 28 ff, 87, 113 ff, 124, 140, 144, 149
Isolation ....12, 15 ff, 36 ff, 44, 136

Jazzhand ....43, 46, 53 f, 74, 81, 120, 126, 135, 138, 141, 156

Kick-Ball-Change 53, 83, 133

Latin Hip 48, 134

Metrum 34

Pas de Bourrée ....60, 78, 80 f, 134, 153
Passé ....82, 109 f
Pelvismotionen 12
Pivot 61

Plié ....54, 57, 74, 100, 105, 107 f, 121, 126, 141, 155, 163
Point ....90, 93, 98 f, 111
Polyzentrik ....16, 36 ff

Release 89, 98, 104, 108
Relevé 100, 102, 107, 109, 111, 145
Reproduktion ....19, 28 ff, 113
Rond de jambe 79, 82, 135

Sissonne 66, 70, 76, 136
Soul Hip 48
Square 58f, 63, 76, 126, 134, 147
Stomp ....51 f, 57 f, 73, 82

Tap ....46, 48, 50 f, 62, 74, 79 f, 126, 131ff, 140
Tendue 108
Triplet ....59 f, 83, 134, 136
Turn-Step 62, 73, 78, 126, 135

Vierte Jazzposition ....105, 134, 138 f, 143, 150, 153 f, 163
Vier-Schritt-Drehung ..52, 74, 81, 131 f, 136, 138, 144

Zählzeit ....12, 33 f, 40, 86, 149